계율, 꽃

차 례_

계율,
꽃과 가시·6

버리다

얻다

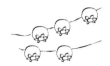

다시 버리다

원 영 지음

담앤북스

계율,
꽃과 가시

　신문을 넘기다가 역사 드라마에 출연한 아역 배우에 대해 소개하는 것을 보았다. 어린아이가 어찌나 연기를 잘하는지 명품연기라는 것이다. 그렇게 조선시대의 인물이 현대에 사는 아역 배우의 연기를 통해 되살아나는 것을 우리는 기특하게 여기며 바라보고 있다. 과거의 역사적 사건을 지금 이 시대의 눈으로 새롭게 해석하고 재조명하는 역사 드라마 소개를 보면서 잠시나마 승가의 역사에 대해 떠올려 보았다. 길고 긴 불교 역사 속에서 승가의 사건사고는 과연 어떻게 기록되어 전해진 것일까?

　승가의 역사적 기록물인 율장(律藏)은 '신문다발'에 비유된다. 왜

냐하면 '율(律)'은 당시의 여러 현실적 상황에 적응해 가며 순차적으로 편찬되었으며, 상호 관련성이 없는 다양한 정보의 집적(集積)이기 때문이다. 따라서 율장은 '경(經)'이나 '논(論)'과는 달리 특별한 사상적 체계를 갖추고 있지 않은 문헌이다. 다만 그 잡다한 정보야말로 당시의 현실 문제를 가장 잘 반영하고 있기 때문에, 지금 우리가 보는 신문과도 같은 유형이라고 말할 수 있다.

이러한 율 문헌을 통해 가장 잘 알 수 있는 것은 '승가'라고 하는 출가수행공동체의 생활상이다. 다시 말해서 율장을 읽으면서 우리는 '승가'라고 하는 조직의 역사와 변천 과정을 들여다볼 수 있게 된다. 그리고 그것을 통해 우리가 무엇을 버리고 무엇을 존속시켜 나갈 것인지 가늠해 가며 한국불교의 밝은 미래를 꿈꾼다.

한국불교에는 부처님의 가르침을 받들어 머리를 깎고, 가사 색을 통일하고, 같은 의식을 행하는 스님들과 그들의 삶을 지지하며 함께하는 재가불자들이 있다. 서로의 삶 사이에는 괴리감이 있지만, 불교를 믿고 전하는 데는 제 나름대로의 방법과 스타일이 있다. 그래서 생각해 본다. '과연 지금 나는 어떠한 스타일의 명품연기로 2600년의 불교를 이 땅에 감동적으로 재연해 낼 수 있을 것인가?' 이 책을 통해 조금씩 풀어가 볼까 한다.

마지막으로 친숙하지 않은 분야인 계율에 대해 이토록 깊은 관심을 가지고 출판에 임해 준 도서출판 담앤북스에 감사의 말씀을 드리고 싶다. 또한 무엇보다도 집필하는 내내 용기를 북돋아 주고 격려를 아끼지 않았던 나의 응원자들에게도 고개 숙여 깊은 감사의 인사를 드린다.

"모두 감사합니다."

불기 2557(2013)년
봄이 오는 길목에서

원 영

버
리
다

수행자의 참모습은 해제 때 드러난다.
해제는 정진을 쉰다는 뜻이 아니다.
안거 기간에 자신을 위한 수행에 몰두했다면

안거 후에는 모두에게
　　수행의 성과를 돌려주어야 한다.

출가

잘 왔다
비구어

2012년 7월, 8박9일간 땅끝마을의 아름다운 절 미황사에서 '청
년출가학교' 지도법사로 참여했다. '땅끝'이라는 단어가 남기는 여
운처럼, 그곳에는 삶의 끝에 선 젊은이들이 다시 한 번 땅의 끝에서
시작하고픈 간절한 열망을 품고서 모였다. 겉으로 보기에는 다들
밝고 쾌활한 모습이었지만 정작 마음의 문을 열고 드러낸 그들의
내면은 '설마 그렇게까지'라고 생각할 만큼 찢기고 아픈 상처 투성
이로 얼룩져 있었다.

마음의 병을 안고 찾아온 그들에게는 '출가(出家)'라고 하는 종
교적 행위가 '과연 나의 삶을 전환시킬 수 있는 진정한 대안이 될 수
있겠는가'라는 의심이 깊었다. 그야말로 물에 빠진 사람이 지푸라

기라도 잡는 심정으로 마지막 선택지에 대한 물음을 붙잡고 온 것이다. 그 모습을 지켜보다 보니 문득 부처님 당시의 일화 하나가 떠올랐다.

율장에 의하면 이러하다. 부처님이 어느 날 숲 속의 한 나무 아래에서 좌선을 하고 계실 때, 젊은이들이 숲 속에서 여기저기 무엇인가를 찾아다니고 있었다. 나무 아래서 고요히 명상에 든 부처님을 보고 그들은 다급하게 물었다. "혹시 한 여자가 뛰어가는 것을 보지 못했습니까?" 이렇게 묻는 그들은 그 지역에 사는 명망 있는 가문의 자제들이었다. 오십여 명이 가족들과 함께 숲에 나들이를 왔다가 일이 생긴 것이다. 그들 중에 아직 결혼을 하지 않은 사람이 기녀를 데리고 왔는데, 모두가 노는 데 정신이 팔려 있는 동안 그 기녀가 사람들의 옷과 값진 물건을 가지고 달아나 버렸다는 것이다. 그래서 그들은 지금 도망친 여인을 찾는 중이라고 말했다.

상황을 들은 부처님이 가만히 그들에게 물으셨다. "젊은이들이여, 달아난 여인을 찾는 것과 자기 자신을 찾는 것 중에서 어느 것이 더 중요한가?" 놀이에 정신이 팔려 자기 자신을 잊어버리고 여인을 찾는 일에만 몰두했던 그들은 부처님의 말씀을 듣고는 번쩍 정신이 들었다. "자기 자신을 찾는 일이 더 중요합니다." 부처님은 다시 말씀하셨다. "그럼 다들 거기에 앉아라. 내가 이제 그대들을 위해 자기 자신을 찾는 법을 가르쳐 주겠다." 이렇게 해서 그 젊은이들은 부처님의 말씀을 듣고 기쁜 마음으로 부처님의 제자가 되었다.

현실적으로 보면 '출가'라고 하는 행위는 세속적 가치관에 순응하기를 거부하고 자신이 속해 있는 세계를 벗어나 전혀 다른 세계에서 살고 싶은 마음이 간절할 때 주로 나타난다. 그러나 부처님은 진리를 추구하여 떠나고 싶어하는 사람뿐만 아니라, 앞의 이야기가 말해 주는 것처럼 자신의 욕망을 전혀 인식하지 못하고 있는 이들을 일깨움으로써 그들을 출가의 길로 이끄는 경우도 많았다. 그리고 제자로 받아들여 함께 하는 수행공동체를 형성해 갔다.

알다시피 최초의 불교 승가는 첫 설법을 상징하는 초전법륜(初轉法輪)에서 비롯되었다. 부처님은 보리수 아래서 깨달음을 얻은 후 바라나시(波羅奈城)의 녹야원(鹿野苑)에서 다섯 명의 고행자에게 설법한 뒤, 그들에게 '잘 왔다 비구여[善來比丘]'라고 말하고 처음으로 출가제자를 받아들였던 것이다. 처음 형성된 승가 구성원은 부처님과 제자 총 6명, 생활 방침은 재가신도로부터 받는 보시에 의지하여 살아가는 것, 수행 기준은 고행을 거부하고 중도를 실천하는 수행이었다.

이후 승가는 교화 활동을 통해 많은 사람들을 출가자로 받아들이기도 하고 또 재가신도로 인정하여 그들이 승가를 후원하고 살아가면서 부처님의 말씀을 실천하도록 권장했다. 그렇게 시작된 불교가 지금은 이렇게 거대한 종교세계를 형성하기에 이른 것이다. 출가를 했거나 또는 출가를 생각하는 사람은 반드시 삶의 태도가 바뀌기 마련이다. 불교는 자기 삶의 태도를 바꾸고 싶어하는 사람들을 위해 세상에 나온 종교이기 때문이다.

유일신이나 신비주의에 대해서는 별로 믿음이 가지 않고 그렇다고 절대자의 존재를 믿을 정도로 순박하지도 않은 젊은이들에게 불교의 출가는 자신과 세상을 바라보는 가장 합리적인 안목을 제시해 준다. 연기와 중도적 삶을 통한 욕망의 처리 방식을 가르쳐 주는 것이다. 그것이 바로 참다운 불교요 출가자의 사유방식이 된다.

고요한
마음집중에
몰두하다

가만히 앉아 있기만 해도 땀이 송골송골 맺히는 여름, 선원에서
는 하안거 정진이 한창이다. 3개월간 안거(安居)에 참여한 스님들
은 하루 8시간 내지 10시간 이상 좌선을 계속한다. 덥건 춥건 주
말이건 휴일이건 상관없이 정진은 계속된다. 어디 그뿐인가. 별도
의 수면시간을 갖지 않는 용맹정진 기간이라도 되면 그야말로 초
인적인 정신력이 아니고서야 견디기 어려운 극도의 훈련이 진행된
다. 한국 선원은 가히 존경할 만한 인내심의 현장이다.

언제부터인가 한국에서는 참선을 수행과 이퀄(equal) 개념으로
인식해 왔다. 간경(看經)이나 염불(念佛)보다 수행의 순위를 더 높은

곳에 두었다는 얘기다. 그렇다면 부처님 당시에는 어땠을까? 경전을 보면 부처님께서 발을 씻고 자리에 앉으셨다는 얘기가 자주 등장한다. 또한 승가 대중이 모두 모였다거나, 설법이 끝난 후 대중이 자리에서 일어나 부처님께 예배하고 물러갔다고 하는 장면이 나온다. 이것으로 볼 때 부처님의 설법 시간은 대략 탁발공양을 마친 후로 추정된다. 또한 덕망 있는 제자들도 신도들을 위하여 법을 설했다. 그렇다면 설법이 끝난 이후의 시간은 어떻게 보냈을까?

먼저 안거 중에는 특별한 상황이 발생하지 않는 한 승가 내에서 시간을 보내야 한다. 우기(雨期)에 스님들이 돌아다녀 물벌레를 밟아 죽게 한다는 비난 때문에 그렇게 됐다. 반면 안거가 끝나고 나면 가고 싶은 곳, 정진하고 싶은 곳으로 다니면서 자유롭게 정진할 수 있다. 혼자 있는 시간에는 부처님께서 당부하신 연기의 가르침을 생각하며 마음집중에 몰두한다. 당시의 수행자들은 마음집중 수련을 통해 번뇌가 일어나는 근본을 살피고, 그것에 집착하는 마음을 버렸다.

또한 스님들은 많은 법담(法談)을 나누었다. 부처님은 불필요하게 많은 말을 하는 것에 대해서는 경계하셨으나 그렇다고 해서 묵언을 선호하지도 않으셨다. 부처님의 제자들은 법에 대해서나 자신의 문제에 대해 소소한 일까지도 함께 수행하는 도반들과 견해를 나누었으며 그러한 소통의 생활방식과 일관된 화합 승가의 정신으로 불교를 발전시켜 갔다. 그러므로 법담은 중요한 수행 일과에 포함된다. 불교를 '대화의 종교'라고 하는 근거가 된다.

한편 좌선을 할 때는 한적한 나무 아래에 앉아도 되고 개인토굴에서 정진해도 좋다. 또한 마을에서 약간 떨어져 있는 별도의 수행처 아란야(阿蘭若) 같은 토굴에서 수행해도 괜찮다. 지금처럼 시간이 정해진 것도 아니고, 모든 대중이 큰 방 하나에 모여 앉아서 정진을 해야만 하는 규정이 있었던 것도 아니다.

아마도 이것은 한국 고유의 온돌문화가 만들어 낸 방식일지도 모른다. 된장찌개 하나를 식탁 중앙에 놓고 어른 아이 할 것 없이 식구들 모두가 숟가락을 대서 떠먹는 한국식 문화 말이다. 각자 행동하는 개별문화보다 모두가 함께 하는 공동체문화를 중시하는 한국인의 성향이 지금의 사찰 시스템을 갖추게 했을 가능성이 높다. 오죽하면 사찰을 '절집'이라고 했겠는가. 어쨌거나 한국 고유의 문화와 관습에 따라 조화롭게 형성된 이러한 절집 생활구조는 '옳다' '그르다'의 판단을 떠나 혼자 정진하면 나태해질 수 있는 상황을 잘 극복하게 해 준다.

인도승가의 출가수행이라고 하면 탁발에서부터 다양한 설법,

마음집중훈련, 법담 등이 있었다. 여기에 더해 율장암송회인 '포살'과 반성모임인 '자자', 대중공의를 모으는 수많은 '갈마'까지, 스님들은 안거 사이사이 모든 행사에 참석하며 일상수행을 차분하게 진행해 갔다. 안거 형태만 놓고 보면 오히려 지금이 더 엄격할지 모른다. 그렇다고 해서 지금이 더 훌륭하다는 말은 아니다. 안거 이후 스님들의 행보 때문이다.

인도에서는 안거가 끝나도 수행이 지속되었다. 대중이 함께 모여 산다는 것 말고는 안거나 해제나 일상수행의 내용이 크게 달라지지 않았다는 얘기다. 그런데 지금은 어떤가. 해제와 동시에 수행 또한 방학에 들어간다. 산철결제가 있기는 하지만 공식적으로는 동안거나 되어야 수행도 개학처럼 분주하다.

해제는 노는 방학이 아니라 몸을 추스르고 옷을 마련하는 등 다음 안거를 위한 준비기간이며 부처님의 메시지를 더 적극적으로 전하고 몸소 실천하는 시간이다. 설령 방학이라고 생각해도 스님들이 그 시간들을 어떻게 보내느냐에 따라 불교에 대한 평가가 갈리는 것만은 분명하다.

어떠한
약속을
할 것인가

사유능력이 전혀 없는 기계처럼 두뇌회로는 정지 상태였다. 호궤합장을 하고 '지키겠는가?' 하고 물으면 이구동성으로 '지키겠습니다' 하면 그뿐, 머릿속에선 그저 팔 위에서 타 들어가는 향을 보며 일생 동안 남을 연비자국이 너무 흉하지만 않으면 좋겠다 싶었다.

21일 동안 오후불식을 하며 하늘의 보름달을 보고 빵을 연상하던 행자교육원 시절. 르네 데카르트는 '나는 생각한다. 고로 나는 존재한다'는 진리야말로 확고하고 확실한 것이어서 자신이 탐구하는 철학의 제1원리로서 거리낌 없이 받아들일 수 있다고 했건만, 부끄럽게도 인생의 행로가 바뀌는 첫 수계(受戒) 때 나는 아무 생각이 없었다. 그러다 비구니계를 받게 되자, 사미니계 수계에 대한 기억과는 달리 두뇌회로에 불이 들어왔다. 두근거리는 심장소리를 들으며 스스로에게 진지하게 물어볼 수 있었다. '과연 지키겠다고 대답해도 괜찮단 말인가?'

예나 지금이나 사미·사미니계는 모두 10계이다. 어린 라훌라의 출가를 계기로 생기게 된 이 계는 5계와 8계를 포함한 내용에 금은(화폐가치)의 수취 금지에 대한 규정이 더 들어 있다. 이 항목은 새를 쫓고 잔심부름을 하며 승가에 의탁했던 사미·사미니조차도 기본적으로는 출가자로 인식하고 있었다는 증거가 된다.

사미 출가에 대해 설한 《마하승기율》 29권에는 라훌라의 출가 외에도 전염병으로 가족을 모두 잃게 된 어린아이를 데리고 기원정사로 돌아온 아난 존자의 이야기가 나온다. 부처님은 오갈 데 없는 아이를 데리고 온 아난에게 "그대는 어떤 마음을 냈는가?" 하고 묻는다. 아난 존자는 "자민(慈愍)하는 마음입니다"라고 대답한다. 아난 존자의 대답을 들은 부처님은 곧 아이의 출가를 허락한다. 아난 존자의 자애로운 마음이 중요하게 작용했던 것이다. 뒤이어 율장은 한 비구가 어린 사미를 세 명까지 키울 수 있다고 허용하며, 사미·사미니계의 주요 규정인 돈 문제를 일화로 들면서 사미에 관한 법을 마친다.

　반면 구족계의 계율 항목은 다 외우지도 못할 정도로 많다. 또 현존하는 율장마다 조금씩 달라서 남방 상좌부의 빨리율은 비구 227계 비구니 311계, 한국불교에서 소의율장으로 불리는 법장부 의 《사분율》은 비구 250계 비구니 348계, 화지부의 《오분율》은 비 구 251계 비구니 380계, 중국에서 제일 먼저 번역된 설일체유부의 《십송률》은 비구 257계 비구니 355계, 티베트 율의 근간이 된 근 본설일체유부의 《근본설일체유부율》은 비구 249계 비구니 357계 이며, 요즘 내가 관심 있게 보고 있는 대중부의 《마하승기율》은 비 구 218계 비구니 390계이다.

　이처럼 율 항목이 다른 이유는 단일교단이던 부처님 생존 당시 와는 달리, 입멸 후 사회경제가 변화함에 따라 스님들 사이에 계율 에 대한 해석과 불교 교리에 대한 철학적 견해 등이 대립되면서 여 러 부파(18~20부)로 나뉘게 되었기 때문이다. 경험에 의하면 250계 나 348계는 구족계 수계의식 때 단 한 번 제대로 읽는 것 같다. 어 쩌면 그 의미까지 낱낱이 새기며 읽는 유일한 순간일지도 모른다. 더구나 그 많은 항목을 다 외우는 스님이 한국에 몇이나 되겠는가.

　하지만 부끄러운 일은 아니다. 2600년 전 인도에서 제정된 계율이 21세기의 한국불교 현실과 맞지 않는다는 것은 계율 전공자가 아니더라도 쉽게 추측할 수 있을 정도로 많은 부분에서 적합하지 않기에 그렇다. 옛 승가의 규범을 줄줄이 외우는 것보다는 출가정신을 올곧게 세울 수 있는 기본규범에 대한 약속만이라도 잘 지키는 것이 중요한 것 아니겠는가.

나는 수계의식에서 지키겠느냐는 교수사스님의 물음에 뭔지 모를 무거운 심리상태에서 지키겠다는 맹세를 했다. 지키지 못할 약속을 아무렇지도 않은 듯 말하고 난 뒤부터 찾아온 내적 갈등은 이후 율장을 전공하게 된 계기가 되었다.

그러나 수계의식은 지계에 대한 약속도 중요하지만 앞으로 출가자로서 살아갈 자신과의 약속과 서원이 더 중요하다. 올해도 변함없이 수계교육이 이루어지고 있다. 과연 그들은 어떤 심정으로 자신이 받는 계율을 지키겠다고 대답하며 또 어떤 자세로 출가에 대한 다짐을 새로이 하고 있는 것일까.

부끄럽게도 인생의 행로가 바뀌는

첫 수계(受戒) 때

나는 아무 생각이 없었다.

그러다 비구니계를 받게 되면서

두뇌회로에 불이 들어왔다.

두근거리는 심장소리를 들으며

스스로에게 진지하게 물어볼 수 있었다.

　'과연 지키겠다고 대답해도
괜찮단 말인가?'

불교가 있고
우주가 있고
또 사람이 있다

내가 그의 이름을 불러 주기 전에는
그는 다만 하나의 몸짓에 지나지 않았다.
내가 그의 이름을 불러 주었을 때
그는 나에게로 와서 꽃이 되었다.

김춘수 시인의 '꽃'의 일부분이다. 정체불명의 대상에 지나지 않
던 이에게 이름을 불러 주었더니 꽃이 되어 다가오더라는 이 시는
읊조리는 사이 이미 읽는 이의 가슴에 꽃을 피워 낸다. 그런데 우리
에겐 이름을 부르는 행위도 중요하지만, 부르는 그 고유의 이름 또
한 소중하다. 그럼 스님들의 이름은 어떨까?

스님들은 출가라고 하는 종교적 행위를 통해 부모님으로부터 받은 이름을 버리고 부처님의 제자로 살아가리라는 다짐 아래 새로운 이름을 받는다. 그것을 우리는 법명(法名) 혹은 불명(佛名)이라고 한다.

그런데 법명에 대해 찾다 보니 인도에선 그 유래를 찾기가 쉽지 않았다. 가섭이나 아난, 라훌라 등 부처님의 당대 제자들만 하더라도 원래부터 쓰던 이름을 출가한 후에도 그대로 사용했으며, 부처님 또한 고타마 싯다르타라는 이름이나 석가족의 호칭으로 세상 사람들의 입에 오르내렸다. 다만 부처님은 '깨달은 자'라는 의미로 '붓다'라는 명칭을 사용했고 그 외에도 10호 등 다양한 호칭으로 후대에까지 일컬어지고 있다.

예를 들면 부처님이 처음 다섯 비구를 찾아갔을 때 비구들이 부처님의 이름을(또는 벗이라고) 부르자 부처님은 "비구들이여, 여래를 이름이나 벗이라는 말로 불러서는 안 된다. 여래는 공양을 받아야 할 분이며 바르고 원만하게 깨달으신 분이다"라고 말한다. 여기서 이미 부처님의 호칭은 고타마 싯다르타에서 깨달은 자 붓다로 바뀌고 있다.

사실 스님들의 법명은 후한 명제 때 중국 땅에 불교가 전해진 이래 위·진·남북조시대를 거치면서 비교적 이른 시기에 정착된 것으로 보인다. 법명이 정착된 데에는 출가자의 위상을 높이고자 하는 전략도 숨어 있었겠지만, 무엇보다 세속으로부터 벗어나 고귀한 삶을 살아가고자 하는 이들을 세상과 차별화하고 보다 숭고한 종교적 가치를 지향하면서 더욱 성실히 수행하고 교화할 것을 잊지 말라는 의무가 담겨 있다. 더욱이 동진시대 도안(道安) 스님 같은 분은 출가자는 다 석존으로부터 시작되므로 모두 석(釋) 씨 성을 사용해야 한다고 주장했는데, 지금도 그 영향으로 '석○○'라고 쓰거나 불리는 스님들이 있다.

과거의 한국 스님들은 석 씨 성을 붙이는 경우도 있었지만 법명 두 글자에 당호(堂號)를 붙여 사용하는 경우도 많았다. 그것은 지금도 쉽게 찾아볼 수 있다. 그러다가 일본불교가 들어오면서 갑자기 법명 앞에 속성(俗姓)을 붙이기 시작했다. '한용운, 백용성, 이청담' 등 이렇게 말이다. 일본 스님들도 출가하면 법명을 받아 사용하지만 그래도 호칭은 '○○ 상(さん)' 하고 성을 부르는 것이 일반적이다. 그러한 관습이 조선침략기에 한국불교에 영향을 끼친 것으로 보인다.

이렇게 일본의 영향으로 1970년대까지만 해도 스님들 사이에서 성을 붙이는 경우가 많았는데 그 가운데 유일하게 그것을 거부하고 법명 두 자만 사용하기를 고집한 분이 계셨으니, 바로 입적하신 법정 스님이다. 석 씨 성도 속가 성도 붙이기를 거부하셨으니 서슬 퍼런 그 단호함은 맑고 추운 날 쪽빛 하늘과도 같았다.

그러나 출가자 수가 늘어나면서 동일한 법명을 가진 스님들이 많아지자 스님들 사이에서는 성씨를 붙여 구별하는 경우가 늘어났다. 나만 하더라도 원영이란 법명을 가진 분이 내가 아는 한, 둘이나 더 있다. 그나마 쉽게 구별되어 앞에 성을 붙이진 않는다. 그렇지 않고 정말 헷갈리는 경우가 있으면 그땐 성을 붙여 구별하는 편이 수월하다.

요즘엔 출가하면 행자 시절에 김 행자, 이 행자로 불리다가 수계를 위해 지원서를 작성하면서 처음으로 자신의 법명을 기재하고 수계 후 공식적으로 사용한다. 법명도 각양각색이다. 예를 들어 내 법명은 '둥글 원(圓)'에 '비칠 영(映)'인데 고집이 세고 굽힐 줄 모르는 대쪽 같은 성질 때문에 은사스님께서 좀 부드럽고 유하게 살아서 모두에게 빛이 되라고 그렇게 동그라미가 많은 법명을 지어 주셨다.

이처럼 부족한 것을 메우기 위해 법명을 짓는 경우도 있고 불교 교리나 원대한 서원을 담아 법명을 짓기도 한다. 어느 쪽이든 먹물 옷 입고 사는 동안 출가자임을 망각하지 말고 뜻 깊은 서원을 발현하면서 살아가길 바라는 마음이 법명 안에 담겨 있다. 그러고 보면 법명의 위력은 참으로 대단하다. 각자의 법명 안에 불교가 있고 우주가 있고 또 사람이 있다.

모든 이의
이익과 안락을 위해
떠나라

2012년 한진중공업 정리해고 철회를 요구하며 영도조선소 85
호 크레인에서 309일간 고공농성을 벌였던 김진숙 민주노총 부산
지부 지도위원을 중심으로 한 희망버스가 '정리해고와 비정규직 없
는 세상을 향한 희망의 발걸음'을 계속하고 있다. 그의 그 밑도 끝
도 없이 지칠 줄 모르는 파워는 과연 어디에서 나오는 것일까. 희
망을 외치는 그의 삶은 늘 놀랍고도 아프다. 어디 그뿐인가. 그의
외침은 출가자의 삶을 부끄럽게 만든다. 다시금 스님들의 모습을
돌아보게 한다.

음력 1월 15일, 동안거 해제일이다. 안거(安居)란 본래 비가 많이

오는 여름철 3개월 동안 스님들이 한 곳에 모여 정진하며 생활하는 것을 말한다. 우기에 돌아다니다 보면 작은 벌레들을 밟아 죽일 수 있고, 자연재해로 인해 스님들이 다칠 위험도 있어서 정해진 곳에 승가를 이루어 머물며 절제된 생활을 하는 것이 안거다. 그러던 것이 인도와는 자연환경이 전혀 다른 중국, 한국으로 불교가 전래되면서 겨울철에도 3개월간 안거를 보내게 되었는데 그것을 '하안거'와 구별하여 '동안거'라고 부르게 되었다.

일반적으로 '안거'라고 하면 인도불교와 중국불교, 소승불교와 대승불교를 가리지 않고 제일 먼저 떠오르는 것이 좌선하는 스님의 모습이다. 몸과 마음을 집중해 있는 스님들의 모습은 머릿속에 떠올리는 것만으로도 한적하고 고요하여 안도감을 느끼게 한다. 실제 그러한 안거의 전통은 불교를 유지 전승시키는 밑거름이 되고 있다.

한국의 선원에서는 안거 기간에 스님 각자가 자기 고유의 화두를 들며 공부한다. 선방 스님의 얘기를 들어 보면, 겉으로 드러내진 않아도 위빠사나 수행을 하는 스님도 꽤 많다고 한다. 이에 대해 우려를 표하는 어른스님도 계시지만 모두가 깨달음을 향한 수행이라는 측면에서 볼 때 특정 수행법만이 옳다고 주장하는 것은 바람직하지 않은 것 같다.

한국불교의 특성이라는 측면을 고려한다고 해도 이는 마찬가지다. 불교에서 말하는 공부[修行]란 어디까지나 '우리 삶을 옳고 바람직한 방향으로 바꿔 가기 위한 것'을 전제로 하기 때문이다. 그런 면에서 볼 때 안거는 우리 삶을 전환시킬 수 있는 충분한 준비 기간이 된다. 그러나 수행자의 바람직한 삶이 현실로 드러나는 때는 좌선에 몰두하는 안거 기간이 아니다. 수행자의 참모습은 해제 때 드러난다. 제아무리 안거 중에 잘 살았어도 그 수행의 성과가 세상에 녹아나지 않는다면 거기에 큰 의미를 부여하기란 어렵다. 왜냐하면 그것은 어디까지나 자신만의 수행으로 그치기 때문이다.

해제는 정진을 쉰다는 뜻이 아니다. 해제가 담고 있는 진정한 의미는 곧 전법의 길을 떠나라는 공식선언이다. 안거 기간에 자신을 위한 수행에 몰두했다면, 안거 후에는 모두에게 수행의 성과를 돌려주어 시주의 은혜에 회향해야 한다. 모든 이의 이익과 안락을 위해 떠나라는 부처님의 전도선언은 61명의 아라한이 생긴 후에만 해당되는 것이 아니다. 2600년의 세월을 뛰어넘어 지금도 여전히 유효하다.

'20세기 문학의 구도자'로 불리는 니코스 카잔차키스의 《그리스인 조르바》를 보면 이런 얘기가 나온다. "일어났을 때 내 마음엔 이 바닷가에서 이루어야 할 두 가지 과업이 새겨져 있었다. …모든 형이상학적 근심인 언어에서 나 자신을 끌어내고 헛된 염려에서 내 마음을 해방시킬 것. 지금 이 순간부터 인간과 직접적이고도 확실한 접촉을 가질 것. 나는 나 자신에게 다짐했다. '아직 그렇게 늦은 건 아닐 거야.'"

세상 속으로 향하는 발걸음에 익숙하지 않은 스님과 불자, 그리고 나 또한 해제 때에는 세상을 향한 바람직한 다짐을 했으면 좋겠다. 그래서 약자의 편에 서서 정의로운 사회를 만들기 위해 절규하는 한 여성의 부르짖음이 어떤 것인지 들어보고, 왜 그런 상황이 발생되었는지 세상에 대한 관심을 가질 필요가 있다. 조금 서툴긴 하지만 아직 그렇게 늦은 건 아니다.

소임

어떻게 살아야
잘 사는 것인가

부의 쏠림 현상이 너무 심각한 나라에서 살아서 그런지, 나는 가끔 '잘 사는 사람들은 도대체 어떻게 하기에 저렇게 부유하게 사는 것일까'라는 의문이 들곤 한다. 소득수준 상위 1% 계층의 소득이 전체 국민 소득의 상당 부분을 차지한다 하니 하는 소리다. 그런데 이는 세상만 그런 것이 아니라 스님들도 마찬가지다.

상위 1%의 몇 안 되는 스님들이 넉넉하게 사는 것이지, 1만2천 명의 스님이 전부 다 풍요롭게 사는 것은 아니다. 내 주변에는 돈이 없어 학업을 포기해야 하는 스님도 있고, 아파도 병원에 가지 못하는 스님도 있고, 장례 치를 돈이 없어 걱정하는 노스님들도 많아 안타까움을 자아낸다.

그런데도 세상은 몇 사람이 잘못한 사항에 그 모진 비난의 화살을 잘못한 사람에게만 쏘지 않고 금세 전체 스님들에게로 방향을 틀어 마치 승가 전체의 도덕성이 무너지기라도 한 것 같은 인상을 심는다. 그 이유는 스님 한 사람 한 사람의 행위가 곧 불교계 전체를 대표하는 얼굴이기 때문이다. 그리고 이것은 불교 승가가 가진 특성 중 하나라고 할 수 있다.

그럼 넉넉한 생활을 하는 스님은 어떤 이들인가. 대부분은 직접 사찰 운영 소임을 맡은 경우이다. 그렇다면 소임이란 무엇이며 어떻게 살아야 잘 사는 것인가. 스님들이 함께 모여 살려면 일상생활에서 일어나는 사소한 일까지 규정지을 수밖에 없다. 그리고 그러한 규정들을 관리해 줄 사람이 필요하다. 이들을 가리켜 승가 소임자라고 한다. 다시 말해서 소임이란 승가가 공동생활을 하면서 각자 필요한 역할을 맡아 일정 기간 수행하도록 정한 것을 말한다.

절에 가면 큰방 벽면 위쪽에 뭔가 붙어 있는 것을 볼 수 있는데 이것이 바로 '용상방(龍象榜)'으로 각자가 맡은 소임들을 적어 놓은 것이다. 안거 수행을 위해 결제(結制)할 때나 사찰에 큰 행사[佛事]가 있을 때 소임부터 정해서 대중을 위해 소임자로서의 책임과 역할을 다하도록 하는 것이다. 소임을 맡은 스님은 대중스님들의 불만은 무엇이며 부족한 것은 무엇인지 잘 살펴서 스님들의 생활에 불편함이 없도록 항상 신경을 써야 한다. 이것이 승가를 원만하게 운영하는 지름길이다.

부처님 당시 인도에는 지금보다 더 세분화된 소임이 있었다. 그일상의 소임들을 소개하자면 대략 이러하다. 스님들의 방사 배분 소임, 발우 배분 소임, 비옷 배분 소임, 공양청이 왔을 때 그것을 접수하고 공양청에 응할 스님을 선별하는 소임, 죽 배분 소임, 과일 배분 소임, 생활용품 배분 소임, 옷 배분 소임, 옷의 수납·관리 소임, 창고 지키는 소임, 새로 온 스님을 접대하는 소임, 건축불사 관리 소임, 사찰 도우미 관리 소임, 사미에게 일 시키는 소임 등이다.

이 시대 한국불교와 겹치는 소임도 있고 다소 생소한 소임도 있다. 그러나 대체로 지금은 여러 가지 소임을 한꺼번에 겸해서 담당하는 스님이 있다고 봐야 옳겠다. 예를 들면 주지나 원주 소임이 그러하다. 그런데 율장을 보면 이런 소임을 원만하게 수행하기 위해서는 소임을 맡은 스님에게 직위에 따라 어느 정도는 권한 부여가 필요하다고 판단했던 것으로 보인다. 소임을 맡은 스님에게 일정 부분 권한을 부여함으로써 그들로 하여금 일상의 여러 가지 일들을 공정하게 처리할 수 있도록 했던 것이다. 그런데 당시에는 별문제가 없던 이런 권한 부여가 지금은 그 범위가 너무 확대되어 폐단이 되는 경우가 종종 있다.

부처님 당시에도 특정인에게 권한이 집중되는 것만큼은 철저히 막고자 했으며, 그렇기 때문에 소임자 선정에 있어서 매우 엄격했다. 다른 소임도 마찬가지지만 특히 대중을 통솔하는 소임의 경우에는 승가 전원이 그 소임에 적합한 인물이라는 동의를 해야만 소임을 맡을 수 있었다. 부적절한 행동을 했다거나 대중스님들로부터 신망을 잃은 스님은 절대로 소임을 살 수 없었다. 그만큼 소임을 맡기는 데에 원칙이 있었던 것이다.

현재 한국불교에서 이행되고 있는 용상방의 모든 소임을 종합하면 80여 종에 이른다고 한다. 소임의 크기에 관계없이 일단 소임을 맡았으면 공정하게 처리해야 한다. 소임의 제1원칙이 '공정성'에 있기 때문이다. 그리고 그 공정성의 기본은 너무도 명확하다. 구성원들을 평등하게 대하고 그들에게 돌아갈 것을 공정하게 돌려주면 되는 것이다. 공양이 되었든 보시가 되었든 또한 징계가 되었든 말이다. 소임자의 공정성이 불교를 맑게 한다.

도반과
승가 교육

보리수 씨앗 하나,
거목이 되다

　　해마다 해제 후 이맘때가 되면 승가대학 졸업동기 모임이 있다. 말하자면 세속의 '동창회'와 유사한 모임이다. 올해도 어김 없이 모임이 있었는데 장소는 여태 시끄러운 백양사 산내 암자였다. 졸업동기 55명 중 이런저런 사정으로 참석하지 못한 사람을 제외하고 30명 정도 평년 수준으로 모였다.

　　언제나 그렇듯 제일 먼저 이슈가 되는 관심사는 지난 일 년 동안 '환속한 사람이 있나 없나'이다. 올해도 다행히 환속한 도반은 없다 하니 우리 반은 졸업 후에 환속한 도반 한 명을 제외하곤 아직 54명의 스님이 건재하다. 각자 삶의 터전에서 열심히 수행정진하고 있으니, 이 비구니들은 어딜 가도 자랑할 만하다.

이야기는 끝이 없다. 학인시절 이야기부터 졸업 후의 진로에 따라 선원에 간 스님은 안거 이야기, 포교 일선에서 열심히 대중과 만나는 스님은 포교 이야기, 사고뭉치 종단 이야기까지 수많은 사건 사고들이 입에서 입으로 전해지며 누가 뭐라고 하더라는 식의 일명 '카더라' 통신이 난무했다.

밤이 깊도록 이야기꽃을 피우고 헤어지기 아쉬워 다음날 점심까지 먹고는 그래도 아쉬워 인근에 있는 도반 절까지 들렀다가 헤어졌다. 도반은 이렇듯 언제 보아도 좋다. 부처님이 아난 존자에게 "좋은 벗은 이 길의 전부다"라고 하신 말씀이 해를 거듭할수록 새록새록 가슴에 와 닿는다. 이렇게 도반을 만나면 늘 학인시절로 돌아간 것 같은 느낌이 든다.

학인시절 얘기가 나왔으니 말인데, 우리의 승가 교육에 대해 한번 생각해 보자. 우리가 승가대학(강원) 학인으로 있을 때에는 과거 서당식 교육으로 한문학당과도 같았다. 쪽지에 써서 일하면서 외우고 강사스님 앞에서 직접 외워 보는 식(이것을 강(講) 받친다고 한다)이다. 우리는 많은 시간을 울력(일)으로 보내야 했고, 과로로 인해 공부시간에는 졸기 일쑤였다. 학인시절 배운 것 중에 기억에 남는 경전 구절이 별로 없을 정도로 울력이 많았다.

선원에서는 8시간씩 참선만 하고 율원에서는 율장만 보는데 강원에서는 고작 2시간 강의에 서너 시간 입선하고 나머지는 대중울력으로 시간을 보냈으니, 출가한 지 얼마 되지 않는 예비스님을 가르치기 위함이라 해도 개선할 점이 많았던 것은 사실이다.

하지만 지금은 그런 문제들을 개선하고자 하는 노력으로 교육방침이 바뀌었고 승가대학의 교육방식 또한 변화하고 있다. '치문·사집·사교·화엄'으로 구성되어 있던 4년의 교과 과정이 '초기불교·대승불교·한문불전·선불교·불교사·계율과 불교윤리·참여불교·전법·일상수행'이라고 하는 9개 분야를 골고루 담아 2010년부터 새롭게 개편되었으며 현재 각 승가대학에서 시행하고 있다.

사실 개편 초기에는 이러한 교과 과정을 둘러싸고 과정과 절차에서 말도 많고 오해도 많았다. 그러나 점차 승가교육 변화의 필요성에 공감하며 교육을 담당하는 많은 스님들이 새로운 방식으로 학인 지도에 더 열의를 보이고 있다. 출가자 수가 급감하고 있는 현실에서 올바른 수행자 하나 길러 내기가 여간 어려운 게 아닌데 승가대학 교수스님들의 노고야말로 칭찬받아 마땅하다. 어찌 보면 그분들의 가르침에 한국불교의 미래가 달려 있는 것이나 마찬가지다.

이제는 올곧은 수행자들로 구성된 소수의 인원으로 한국불교를 이끌어 가야 할 때가 되었다. 출가자 급감이 걱정스러운 것도 사실이지만 현실도피성으로 승가에 들어와 엉터리로 살면서 한국불교의 미래를 어둡게 할 사람이라면 아예 들어오지 못하게 하는 게 백배 낫다. 이미 드러난 바와 같이 지금까지 일어난 많은 문제들이 그간 불교계가 인재 양성에 소홀했기 때문임이 자명하고, 출가하겠다는 의지 하나만 있으면 들여선 안 될 사람조차도 무조건 받아들이는 불필요한 관대함 때문이었다는 것도 명백해졌다.

이제 불교에 대한 보다 폭넓고 체계적인 이해가 가능하도록 승가교육체계가 형성되었다. 앞으로는 이를 바탕으로 사상과 실천이 겸비된 스님들이 많이 배출될 수 있도록 종도들이 인재 양성에 지원을 아끼지 말아야 한다. 인천(人天)의 스승이 될 이들을 얄팍한 노동력으로만 이용해서는 안 된다는 말이다. 울력은 어디까지나 수행의 일환이다. 갓 출가한 한 사람 한 사람이 소중한 불교계의 재산이다. 이들로 인해 존경받는 승가, 찬란하게 빛나는 한국불교를 다시 한 번 일으킬 수 있기를 간절히 소망해 본다.

세상 속으로 향하는 발걸음이

익숙하지 않은 스님과 불자,

그리고 나 또한

해제 때에는 세상을 향한

바람직한 다짐을 했으면 좋겠다.

그래서 약자의 편에 서서

정의로운 사회를 만드는 데

관심을 가졌으면 좋겠다.

조금 서툴기는 하지만
아직 그렇게
늦은 건 아니다.

법계와
승가고시

스님들,
긴장하다

해마다 10월 말에서 11월 초가 되면 스님들을 긴장시키는 일이 하나 있다. '승가고시'가 그것이다. 이는 갓 출가한 스님들을 대상으로 하는 것이 아니라 출가한 지 10년, 20년 된 스님들의 수행이력과 불교 지식을 평가하여 법계를 부여하기 때문에, 평소 넉넉한 마음으로 살아가던 스님들도 이때만 되면 슬그머니 긴장하지 않을 수 없는 것이다.

2012년도 승가고시는 직지사에서 열렸다. 3급 승가고시에 도울 일이 있어 며칠 참석했는데 나이 지긋하신 수험생 스님들이 많아서 새삼 출가연령이 늦다는 것을 느꼈다. 하지만 2급 3급 승가고시에 응시한 이 스님들이 한국불교를 중흥시키기 위해 가장 왕성한 활동을 하고 있는 것만은 분명하다. 그것이 나 홀로 수행이라도 좋고 중생과 함께하는 수행이라도 좋다.

그럼 이렇게 승가고시를 통과해서 얻게 되는 법계란 무엇일까. 종헌종법에 법계에 관한 규정이 있다. 그 법계법 제2조에서 '법계는 수행력과 종단 지도력의 상징이며 종단 위계서열의 기본이다'라고 규정한다. 그리고 각 수행 단계에 맞는 법계를 품서받기 위해서는 4급에서부터 1급까지의 승가고시를 통과해야 한다. 그러나 1급 승가고시는 아직 시행되지 않고 있다. 2014년부터 시행될 예정이다. 또 5급 승가고시도 있는데 그것은 예비스님들을 위한 시험이기 때문에 법계와는 별개로 취급된다.

원래 승가고시나 법계제도는 국가가 출가자를 관리하기 위해서 만든 제도에서 비롯되었다. 중국에서는 동진시대에 이미 불교계를 통제하는 승관(僧官)을 설치했고, 스님들은 관의 허가제를 통해 도첩(度牒)이라는 신분증을 발급받았다. 그렇게 출가하고 싶은 사람은 관의 허락만 있으면 출가가 용인되어 왔는데 송대에 이르러서 시험을 통해 출가를 허락받는 제도가 생겼다. 또 청대가 되면서는 승관 후보자들에게 고시를 치르게 하여 경전에 뛰어나고 인품이 훌륭한 스님을 선발하여 그 가운데 황제의 임명으로 국사(國師) 또는 선사(禪師)의 칭호를 내리기도 하였다. 법계 서열이 형성된 것이다.

한편 우리나라에서는 고려 광종 때 법계제도가 시작되었다. 선종 때는 3년마다 한 번씩 승과(僧科)가 있어 그 결과에 따라 법계가 정해졌는데 당시에는 법계 서열이 복잡했다. 그와는 달리 조선시대에는 법계 서열이 단순하게 정리되었다. 억불정책과 무관하지 않은 것 같다.

이렇듯 고려시대와 조선시대에는 법계 내용이 서로 다르긴 하지만 양쪽 다 선종과 교종 법계로 나뉜다고 하는 공통점이 있었다. 그러다가 1961년에 제정된 승니법(僧尼法)에 의하면 승가법계는 정덕(淨德)·중덕(中德)·대덕(大德)·종사(宗師)·대종사(大宗師)의 다섯 등급으로 되어 있고, 고시에 합격한 스님에게 법계증서를 주도록 되어 있다.

현재 조계종법이 규정하는 법계는 비구, 비구니가 각기 다른 명칭을 쓴다. 우선 4급 승가고시에 합격하고 구족계를 수지하면 비구는 견덕(見德), 비구니는 계덕(戒德) 법계를 받는다. 법랍 10년 이상 된 스님이 3급 고시에 합격하면 비구는 중덕(中德), 비구니는 정덕(定德)이 되며, 법랍 20년 이상 된 스님이 2급 고시에 합격하면 비구는 대덕(大德), 비구니는 혜덕(慧德) 법계가 주어진다. 아직 시행되지는 않았지만 법랍 25년 된 스님이 1급 고시에 합격하면 비구는 종덕(宗德), 비구니는 현덕(賢德)이 되고, 법랍 30년 이상인 스님은 특별전형으로 비구는 종사(宗師), 비구니는 명덕(明德), 법랍 40년 이상이면 비구는 대종사(大宗師), 비구니는 명사(明師) 법계에 이른다.

지금의 조계종법이 규정하는 법계는 이전처럼 국가의 관리를 위한 법계가 아니다. 조계종단이 스님들의 수행력과 지도력을 높이기 위하여 자체적으로 시행하는 제도이다. 그리고 이러한 법계는 오랜 승가의 전통 서열인 법랍을 전제로 하기 때문에 종단의 기본서열로 자리 잡게 되었다.

법계를 품서 받으면 해당 법계에 맞는 가사도 새로 받는다. 법계가 높아질수록 가사의 조각[條] 수가 많아져 법계를 구별하기 쉬운데 의식에만 사용되는 가사만으로는 평소 법계를 구별할 수 없다. 그래서인지 종종 어른스님들은 평소에도 법계나 법랍을 알아볼 수 있는 작은 표시가 있었으면 좋겠다는 말씀을 하기도 한다. 하지만 법계가 높아질수록 종단을 위한, 불교를 위한, 그리고 우리 사회를 위한 책임 또한 막중해진다는 것을 우리 모두 먼저 기억해야겠다.

내가 틀리고
상대가 옳을 수도
있다

최초의 철학공동체를 세운 피타고라스는 첫 연설에서 "인간이나 자연이나 먼저 온 것이 나중에 온 것보다 우월하다. 새벽은 저녁보다 좋고, 동쪽은 서쪽보다 좋으며, 시작은 끝보다 좋다. 마찬가지로 탄생은 죽음보다 좋고, 원주민은 이주민보다 좋으며, 어른은 젊은이보다 좋다. 젊은이들은 어른들을 공경해야 한다"라고 말했다.

그는 온화와 겸손, 과묵을 제자들에게 가르치며 거칠고 오만하고 말 많은 사람은 아무리 뛰어나도 제자로 받지 않았다. 그의 제자가 되려면 전 재산을 공동체에 내놓고 3년 동안 청강한 후 1차 시험을 치러서 합격해야 하며 5년 동안 묵언생활을 해야만 비로소 진정한 제자로 인정받고 가르침을 들을 수 있었다고 한다.

피타고라스의 철학공동체는 수행공동체인 승가와 닮아 있다. 세속적 가치관에 의존하진 않지만 승가도 그 나름대로 서열을 중시한다. 율장에는 수계의식 끝에 반드시 출가자에게 수계연월일을 가르쳐 주게 되어 있는데 이는 승가 내에서의 서열, 즉 법랍을 기산하여 향후 앉을 자리 설 자리를 구별하기 위함이다.

또 온화하고 겸손할 뿐만 아니라 소리에 놀라지 않는 사자처럼 우직하고 과묵한 모습을 늘 갖추어야 한다. 은사스님 밑에서 5년 동안 가르침을 받아 독립할 수 있도록 되어 있는 규정도 철학공동체의 기본 교육기간 규정과 흡사하다. 다만 승가의 서열은 세납보다 법랍을 우선시한다. 제아무리 나이가 많아도 출가연도를 기산한 법랍 앞에서는 기를 못 펴는 것이 승가의 법도이다.

그러나 첫 대면에서 법랍을 판단하기란 쉽지 않다. 요즘 같으면 함께 의식에 참여하여 가사의 조각[條] 수를 보고서 판단이 가능하겠지만, 일상의 승복을 입고 있으면 누구의 법랍이 더 높은지 몰라 대개는 자태와 위의로 판단하기 마련이다. 하지만 서로의 법랍을 몰라도 오가다 만난 스님들끼리는 묵묵히 합장반배를 하며 존중을 표한다. 승가의 미덕이다.

그런데 이러한 승가 고유의 전통인 법랍이 구성원 간 소통의 걸림돌로 작용하기도 한다. 누구에게나 평등한 불교 승가는 서로의 견해를 들으며 비판을 통해 잘못을 고쳐 가는 개방적인 태도를 견지해 왔음에도 불구하고 법랍이라는 틀 때문에 의견 교환이 부자연스러울 때가 있다. 그래서 제도 개선이나 환경 변화가 더디어지는 요인이 되기도 하였다.

이렇듯 한국의 승가는 대화나 토론에 익숙하지 않다. 회의할 때 합리적인 의견 도출이 쉽게 이루어지지 않는 것도 그 때문이다. 여기에 더해 회의를 주도하는 사회자의 올바른 판단과 결단력이 도마 위에 오르기도 하는데 그만큼 리더나 사회자의 역할 또한 중요하다.

율장에는 출가자가 개인적으로 지켜야 할 내용[學處]과 대중생활에 필요한 규범이 들어 있다. 대중생활 규범으로는 수계의식 진행방법과 안거(安居), 포살(布薩), 자자(自恣), 그리고 율을 어긴 비구의 처벌방법 등이 있다. 이것을 '건도'라고 하는데 승가 내의 스님들이 한자리에 모여 의견을 조율하거나 합의를 이끌어 내는 행위인 '갈마'의 대부분이 여기에 해당한다.

예를 들어 《마하승기율》 제24권을 보면 다투고 송사가 일어날 때의 갈마에 대해 나온다. 부처님은 다섯 가지를 말씀하셨다. 이에 대해서는 승가대중이 회의를 통해 그들을 제어하도록 했다. 다섯 가지에 해당되는 이는, 첫째 스스로 잘난 체하는 이요, 둘째 거칠고 폐단이 많은 흉악한 성품을 가진 이요, 셋째 의미 없는 말을 하는 이요, 넷째 때에 맞지 않는 말을 하는 이요, 다섯째 선한 이를 따르지 않는 이다.

율장에는 큰소리로 더 따지라며 오히려 싸움을 부추기는 사람도 등장하고, 심지어 말싸움이 커져서 재판이 불가한 경우까지(도) 발생한다. 각자 자기 주장만 하는 까닭이다. 비판적 합리주의자 칼 포퍼(Karl Popper)는 《열린사회와 그 적들》에서 개방적 태도를 강조하며 "합리주의자는 한마디로 자신이 옳음을 증명하는 것보다 다른 이에게서 배우는 것을 더 중요하게 여기는 사람이다. 나아가 남의 의견을 무조건 받아들이는 게 아니라 자기 생각에 대한 남의 의견을 흔쾌히 받아들이고 남의 생각을 신중히 비판함으로써 타인에게서 기꺼이 배울 의향이 있어야 한다"고 말했다.

내가 틀리고 상대가 옳을 수도 있다. 아름다운 승가전통인 법랍문화도 중요하고, 보다 합리적인 대안을 도출해 내는 토론문화도 우리에겐 절실하다. 법랍도 존중하면서 토론도 원만하게 이루어진다면 그것이야말로 열린 승가가 아니겠는가.

공감과 자비의 손길로
사회 구석구석을
보살피다

가을을 독서의 계절이라고는 하나, 독서는 가을에만 하는 것이 아니다. 1년 365일 늘 곁에 두고 시간이 날 때마다 친근히 해야 할 것이 바로 책이다. 나는 요즘 역사책을 가까이 하고 있다. 지방 승가대학에서 '세계불교사'라는 과목을 가르치게 되었는데, 불교의 역사에 대해 설명하자면 먼저 역사를 바라보는 관점부터 생각해볼 필요가 있다고 여겼기 때문이다. 내 전공과는 약간 벗어난 듯하지만 여러 명의 교수아사리가 지방 승가대학 외래강사로 참여하면서 과목을 선택하는 과정에서 그렇게 결정되었다.

물론 나로서는 세계불교의 역사를 정리할 아주 좋은 기회이고

교단사를 바탕으로 하는 율장 연구에도 도움이 될 것임에 틀림없다. 사미니승가대학 얘기를 하고 보니 여성 출가자에 대해서 하고 싶은 말이 있다.

잘 알려진 대로 불교 교단 최초의 비구니는 부처님의 양어머니인 마하빠자빠띠 고따미다. 그 유래를 찾아보면 고따미는 숫도다나 왕이 입적한 후에 부처님을 찾아와 여성 출가를 허락해 달라고 간청했다고 한다. 그런데 부처님이 거절하고 떠나자, 이번엔 스스로 머리를 깎고 가사를 수한 뒤 사캬족의 여인들과 함께 웨살리까지 찾아간다. 그들은 맨발로 먼 길을 걸어가 붓고 갈라진 발로 부처님이 계신 곳 문 앞에서 눈물과 먼지에 엉망이 된 모습으로 출가를 간청했다. 결국 아난의 간청으로 부처님께서는 여덟 가지 조건[八敬戒]을 전제로 여성 출가를 허용하셨다.

당시 인도의 사회문화적 여건에서 볼 때 부처님의 여성 출가 허용은 혁명적인 사건이나 다름없었다. 특히 종교를 신성한 행위로 생각했던 인도인의 사유방식에서 여성 출가는 파문을 불러일으키기에 충분했다. 지금의 인도 사회만 보더라도 여성에 대한 냉소적인 태도에서 크게 벗어나지 못하고 있는데 2600년 전 인도의 여성 인권이야 말해서 뭣하겠는가. 여성이라는 이유만으로 슬픈 나라가 바로 인도였다.

첫 여성 대통령 프라티바 파틸(Pratibha Patil)이 현직 인도 대통령으로 재임해 있을 때조차도 여성 결혼지참금제도 같은 다우리(dowry)나 남편을 따라 죽는 사띠(sati) 같은 관습들이 존중 받았던 것으로 봐서 여성의 인권 성장을 저해하는 요소들은 그 뿌리가 매우 깊은 것으로 보인다. 여성이기 때문에 감내해야 할 고난과 역경이 인도에는 너무 많았다.

그래서일까? 율장에는 출가를 희망하는 여성들에게 여덟 가지 조건 외에도 비구니가 되는 과정에서 한 번 더 검증 기간을 갖는다. 비구에게는 없는 식차마나니(式叉摩那尼) 제도가 그것이다. 10계를 받은 사미니가 18세가 되어 승단심사를 거쳐 승낙을 얻게 되면 6계를 수지하고 식차마나니 신분으로 2년간 살아야 한다는 것이다. 이것은 여성 출가자의 임신 여부를 파악하지 않고 출가시킨 뒤 뜻밖에 아이를 낳아 세간의 비난을 받게 된 데서 비롯되었다고 하는데, 이유야 그렇다 쳐도 2년 동안이나 임신 여부를 파악한다는 것은 잘 납득이 되지 않는 부분이기도 하다.

이와 같이 여성 출가자는 사미니에서 식차마나니의 과정을 거쳐 비구보다 훨씬 더 많은 금계조항의 구족계를 받고 비구니가 된다. 여성 출가자가 남성 출가자보다 지켜야 할 계율이 많다는 것은 곧 여성의 신체조건이 인도방식의 출가생활을 하기에는 불편한 측면이 많다는 뜻이다. 그러므로 비구니에게 지켜야 할 계가 더 많이 제정되었다고 해서 불교를 남녀 불평등의 종교라고 단정 짓기는 어렵다. 불교는 본래 계급사회를 인정하지 않고 만인의 평등을 기본정신으로 하는 종교이기 때문이다.

지난해 여름 전남 해남 미황사에서 열렸던 '청년출가학교' 강의에서 받은 질문 중 아직도 기억에 남는 것이 있다. 많은 여학생들의 "불교의 여성 인권이 일반 사회에 비해 훨씬 더 낮은 것으로 아는데요, 정말 그렇습니까?"라는 질문이었다. '허 참~, 불교에 대해 잘 알지 못하는 이 청년들에게조차 불교가 성적으로 불평등한 종교로 비치고 있단 말인가?' 순간 당황했다.

그래서 현재의 입장보다는 미래 여성 출가자의 역할에 더 초점을 맞추어 설명 아닌 해명을 했다. 이제 와 고백하건대 약간 미화해서 답변한 구석이 없지 않다. 그러나 지금도 변함없는 생각은 한국불교의 미래가 여성 출가자의 역할 증대에 달려 있다는 것이다. 아픈 이들과 함께하는 섬세한 공감의 정서와 따뜻한 자비의 손길로 사회 구석구석을 보살피는 비구니스님들에게서 한국불교의 희망을 보기 때문이다.

머리를 깎는다는 것에는
　　　늘 단호하고 새롭게 한다는
의미가 들어 있다.

고시나 재수를 준비하는 수험생들의 숏컷(short cut)이 그러하고
연인과 헤어져 미용실을 찾을 때,
사회적 갈등과 불화로 인해 삭발을 감행할 때도 그렇다.
어느 시대 어느 사회나 헤어 스타일의 변화는
도전과 각오의 상징이었다.

가변의 질서가
될 것인가,
불변의 질서로
남을 것인가

걸음걸이는 아슬아슬했다. 낯선 건물이라 그런지 출입문을 찾는 데도 한참이 걸렸다. 지팡이로 바닥에 있는 점자유도블록을 확인한 뒤에야 천천히 한 걸음씩 앞으로 나아갈 수 있었다. 지켜보는 것만으로도 걱정이 앞서는 것은 어쩌면 정상인의 오만일지 모른다. 그는 다름 아닌 시각장애인으로서는 우리나라 최초로 법관에 임용된 최영 판사다.

법대 재학 시절 시세포가 퇴행해 시력을 잃어 1급 장애인이 된 그는 법률서적을 음성으로 변환해 들으며 공부를 하였고, 2008년 제

50회 사법시험에 합격하여 사법연수원 41기를 거쳐 법관이 되었다. 서울북부지방법원으로 향하는 첫 출근길에서 그는 쉽지 않을 것 같다고 말했지만, 그에게 있어 장애는 불편함이 있을 뿐 더 이상 장애가 되지 않았다. 북부지검은 각종 소송자료와 판례를 음성으로 변환해 검토해야 하는 최 판사를 위해 재판 업무를 원활하게 수행할 수 있도록 별도의 공간을 마련하는 등 적극적인 업무 지원에 나섰다.

시각장애인인 그가 법관이 되기까지 겪었을 정신적 스트레스와 학업에의 불편함을 생각하면 더더욱 그가 자랑스럽다. 게다가 바깥 출입조차 꺼릴 만큼 장애인이 살기 힘든 나라가 대한민국 아니던가. 그런 면에서 보면 최영 씨가 법관이 되기까지 도움을 준 대학과 사법연수원에도 박수를 보낼 만하다. 선진국에 비하여 약간 늦은 감이 있긴 하지만 최 판사를 계기로 장애인들의 활동범위가 더 넓게 확대되는 건 시간문제일 터. 정작 남은 과제는 시민들의 인식 전환이다.

그럼 불교 승가는 어떠한가? 불교 승가는 특정한 편견을 가지고 장애인에 대한 차별규정을 두고 있지는 않으나 인천(人天)의 스승이 되는 출가에 대해서만큼은 금지하고 있는 게 사실이다. 한국불교에서 중시되는 《사분율》의 경우 극단적으로까지 엄격하게 규정하고 있지는 않다. 하지만 장애인 출가를 매우 엄격하게 규정하고 있는 율장도 있다. 예를 들어 《마하승기율》의 경우에는 손발이 없거나 장애가 있는 사람, 귀나 코가 없거나 시청각 장애가 있는 사람 등 구체적인 내용을 들어 출가를 금지하고 있다.

그러나 율장에서 소개하고 있는 일화를 읽어 보면 대부분의 금지조항이 세상 사람들의 비난에 의해 생긴 것으로 전해진다. "어찌하여 석가의 사문들은 귀가 들리지 않는 이를 제도하여 출가시켰는가? 그는 선과 악에 대한 말을 듣지 못한다. 그런데 어떻게 법을 듣겠는가? 이렇게 이치에 벗어난 사람에게 무슨 도가 있겠는가?" 라고 하면서 당시 사람들은 자신들의 잣대에 맞지 않으면 승가에 대한 비난을 주저하지 않았다.

카스트제도를 부정하고 만인에 대한 평등 사상을 주장한 부처님이 장애를 가진 이에 대해 차별정책을 폈을 리 만무하다. 누가 보더라도 겉모습이 단정하고 반듯하여 그 모습만으로도 보는 이로 하여금 신심을 불러일으킬 만한 출가자라면 더할 나위 없이 좋겠지만 요새 세상처럼 의학이 발달한 것도 아니고 당시 출가자가 다 그렇게 건강하고 멋질 수는 없는 노릇 아닌가. 그럼에도 불구하고 장애인 출가에 대해 금지를 결정한 부처님의 의도는 무엇일까?

감히 추정컨대, 그건 아마도 세상 사람들의 보시로 살아가야 하는 대중을 통솔하는 승가의 입장에서 세간의 입김을 부처님은 고려하지 않을 수 없었을 것이다. 또 당시 손발이 없는 사람들 중에는 국법을 어겨 처벌을 받아 그렇게 된 사람들이 많았기 때문에 중범죄자의 승가 내 영입을 꺼려한 조치였는지도 모른다. 또한 출가한 스님들에게 아무런 정신적·육체적 장애가 없어야 붓다의 메시지를 전하는 데 있어 보다 효율적이라고 판단했을 것이다. 물론 당시의 결정이 현대에도 적절한가에 대해서는 더 깊이 생각해 보아야 할 것이다.

《정의론》으로 유명한 미국의 정치철학자 존 롤스(John Rawls)는 "각자는 모든 사람과 공존할 수 있는 평등한 기본적 자유와 평등한 권리를 가져야 한다"고 주장했다. 또한 그는 사회제도의 정의 문제를 중시하여 "사회체계는 인간의 힘으로 어쩔 수 없는 불변의 질서가 아니라 인간의 힘으로 바꿀 수 있는 가변의 질서"라고 보았다.

이 시대 승가의 규정은 어쩌면 사회인식을 따라가지 못하고 있는지도 모른다. 승가야말로 소수자 문제뿐만 아니라 다방면에 걸쳐 인식의 전환이 필요하다. 그렇다면 과연 장애인 출가 문제에 대한 율장 규정은 불변의 질서로 남을 것인가, 아니면 가변의 질서가 될 것인가.

부디, 함께 비추어 안온하게 삽시다

남의 밥 먹고 남의 옷 입으면서 평생에 잘못 없기를 바랐다네.
이 몸은 죽어 가도 충의는 살아
꿈에도 잊지 못할레라 현릉(문종의 능)의 솔빛.

문종에게서 어린 단종을 부탁한다는 유지를 받고 그것을 지키
려다 죽음에 이른 절개의 대명사 성삼문은 죽기 전에 이런 시를 남
겼다. 자신의 도리를 다하고 덤덤하게 죽음을 맞이하는 그의 푸른
결기에 고개가 숙여진다. 그런데 남의 밥 먹고 남이 해 준 옷 입으
면서 부처님을 방패 삼아 살아가는 스님들은 어떠한가. '부패'와
'파승'이 더하여 '공멸'이라는 결과를 부르고 있는 일들을 가슴 아
프게 지켜보고 있노라니, 서슬 푸른 기개로 칼날 앞에 나아가는 성

삼문의 엄숙한 모습을 글로 옮기는 것조차 부끄럽게 여겨진다.

불교 승가의 특징은 화합승(和合僧)이다. 그 어떤 경우에도 승가의 화합을 깨는 행위, 즉 파승(破僧)은 용납되지 않는다. 율장에서 파승은 승잔법 제10조 화합 승가를 깨뜨리기 위하여 대중의 충고를 거역하지 말라[破僧違諫戒]와 제11조 화합 승가를 깨뜨리려는 무리를 방조하면서 대중의 충고를 거역하지 말라[助破僧違諫戒]에 나타난다.

특히 파승에는 "어떠한 비구라 할지라도 화합 승가를 파하려고 기도하거나 분열로 이끄는 사건으로 대항하여 일어선다면"이라고 하는 단서가 붙어 있다. 그리고 《마하승기율》 제7권에는 여러 비구들이 파승을 주도한 이에게 하는 충고가 나온다. "그대는 방편으로 화합 승가를 파괴하지 마시오. 승가를 파괴하는 일을 계속하지 마시오. 승가를 파괴하는 일을 받아 함께 싸우지 마시오. 장로여, 승가에서 동사섭(同事攝)을 해야 하오. 왜냐하면 승가는 화합하고 기뻐하여 다투지 아니하며, 함께 공부하기를 마치 물과 우유가 섞이듯 하기 때문이오. 부디 함께 법답게 설법하며 밝게 비추어 안온하게 삽시다."

이렇게 여러 번 충고해도 그치지 않으면 두 번 세 번 더 충고하고, 그래도 안 들으면 은밀한 곳에 가서 충고하고, 그래도 안 들으면 대중이 모인 곳에서 충고하여 어떻게든 파승을 막도록 해야 한다. 충고를 끝내 받아들이지 않는다면, 파승을 주도한 스님과 그에 동조하고 파승에 가담한 스님들 모두에게 승잔죄가 적용된다. 그러면 그들은 갈마(회의)를 통해 승잔죄에 상응하는 징벌을 받게 되는 것이다.

불교계에서 일어나는 각종 어두운 소식을 율에 입각하여 살펴보면, 범죄와 파승이 공존한다는 것을 알 수 있다. 물론 범죄행위는 말할 것도 없는 잘못이지만 출가자 문제를 승가 내에서 먼저 해결하려 하지 않고 사회에 고발하여 승가를 위기에 빠뜨린 이들 또한 참회하고 용서를 구해야 한다.

승가는 부처님 이래로 자자, 포살, 갈마 등을 통해 내부의 문제는 일절 외부에 공개하지 않고 자체 해결하겠다는 원칙을 고수해왔다. 사미·사미니도 참여할 수 없을 정도로 승가 내 해결 모색이 최우선이었다. 스님들 사이에 문제가 발생했을 때, 율장이나 종헌종법의 법적 처분과 규제에 한계가 있다 하더라도 우선은 승가의 법으로 해결하려고 노력해야지 세속의 잣대에 준하여 처벌하겠다고 나서는 것은 바람직하지 않다. 모두 화합 승가의 길을 모색하지 않고 각자 일방적인 주장만 계속한다면 승가는 공멸할 것이다.

《잡보장경》 제10권에 이런 얘기가 나온다. 한 여종이 있었는데 주인을 위하여 보리와 콩을 관리하였다. 그런데 그 집에 있는 양이 보리와 콩을 먹어 버려 한 말이나 축내었다. 여종은 주인에게 꾸중을 들었다. 그 일로 그녀는 양을 미워하며 항상 막대기로 양을 때렸고 양도 화를 내며 그녀를 들이받곤 하였다. 그러던 어느 날 여종이 손에 촛불을 들고 있었는데 양이 쫓아와 그녀를 들이받았다. 그 바람에 촛불이 떨어져 양의 몸에 불이 붙게 되었고 양은 뜨거움을 견디지 못하고 사방으로 뛰어다녔다. 그 불은 마을을 태우고 산과 들에까지 번져 갔다. 산에는 원숭이 500마리가 살고 있었는데 불길을 피할 수 없어 한꺼번에 다 타죽고 말았다.

한국불교가 불타고 있다. 현대사회에서 부처님의 혜명이 단축되는 사건들이 여기저기에서 벌어지고 있는 게 사실이다. 누가 양이고 누가 여종인지는 모르겠으나, 출가자가 가진 분노의 불씨가 모든 것을 불태우고 있다는 사실을 각자도 알아야 한다. 계율이 무너지고 있는 현대사회에서는 먹물 옷 입은 모두가 깊이 성찰하고 참회하는 길밖에 없다. 또한 이럴 때 불자들이 신심 잃지 말고 불교가 어려운 시기를 잘 이겨낼 수 있도록 마음을 모아 준다면, 청정 승가·화합 승가의 모습으로 불교는 더욱 그 종교적 역할을 잘해 내리라 믿는다.

충분히
멋진 일
아니겠는가

새해가 밝았지만 희망으로 가득 차야 할 가슴은 그러지 못했다. 미래에 대한 막연한 불안감 때문일까? 해를 거듭할수록 쓸쓸함은 더하고 마음은 헛헛하기만 하여 뭔가 의욕을 불러일으킬 만한 것의 필요성을 절절히 느끼는 시기가 연말이다. 지난 연말연시엔 내내 삭발을 하지 않고 지냈다. 그래 봤자 열흘 남짓 긴 머리. 손끝에 잡히지도 않았다. 그런데도 정신을 차린 순간, 내게는 그 머리가 어쩌나 폐인처럼 보이던지. 헤어 스타일만 보면 죄수가 따로 없었다.

출가자에게 무명초라 불리는 머리카락의 실상이 이러하다. 너무 빡빡 깎은 민머리 속살은 오히려 혐오감을 불러일으킨다는 얘기도 있지만, 덥수룩한 머리는 답답하고 나태해 보인다. 삭발을 단정히 하고 나서야 나는 비로소 마음을 가다듬고 새해임을 받아들일 수 있었다.

머리를 깎는다는 것에는 이렇듯 늘 단호하고 새롭게 한다는 의미가 들어 있다. 출가라고 하는 행위를 군이 예로 들지 않고도 삭발은 다양한 변화와 각오를 상기시킨다. 고시나 재수를 준비하는 수험생들의 숏컷(short cut)이 그러하고, 연인과 헤어져 미용실을 찾을 때, 사회적 갈등과 불화로 인해 삭발을 감행할 때도 그렇다. 또 감옥의 죄수들을 삭발시키는 것 또한(다른 이유가 있겠지만) 참회하고 새사람이 되라는 의미가 아닐까 싶다. 뭔가 마음에 결심한 바가 있거나 변화를 주고 싶을 때, 우리는 머리를 짧게 깎거나 삭발을 함으로써 자신의 결심을 대중에게 표출한다. 어느 시대 어느 사회나 헤어 스타일의 변화는 도전과 각오의 상징이었다.

부처님도 그러셨다. 고통에 가득 찬 세상을 직시하고 그것으로부터 벗어나는 길을 찾기 위해 낡은 사상을 거부하고 떠날 때, 우선 머리부터 깎았다. 진지하게 구도여행을 떠나는 첫걸음이 머리카락을 자르는 일에서 비롯되었다. 승가를 형성하고 제자를 두었을 때도 마찬가지다. 부처님의 제자들은 비구가 되어 수염과 머리를 깎고 가사를 수하고 바른 믿음으로 도(道)를 배웠다. 그렇게 부처님의 혜명(慧命)을 잇는 이들이 2600여 년이나 계속해서 생겨나고 있다.

그럼 부처님 당시에는 어떻게 삭발을 했을까? 지금처럼 말끔하게 깎았을까? 물론 아니다. 부처님 당시에는 '쿠라(khura)'라고 하는 삭발용 칼이 있어서 스님들은 2개월에 한 번 정도 머리를 깎았다. 그러니까 머리카락이 손가락 두 마디분에 이르기 전에 머리를 깎도록 되어 있었다. 중학생처럼 머리를 기르고 있는 지금의 티베트 스님들이 옛날 인도 스님들의 모습에 더 가까웠다고 할 수 있겠다.

그리고 보면 한국 스님들은 머리를 자주 깎는 경향이 있는 게 사실이다. 중국이나 티베트 스님만 하더라도 우리처럼 자주 깎지 않는데, 언제부터인지 우리는 머리를 깨끗하게 자주 깎는 것이 일상화되었다. 여름이라면 몰라도 추운 겨울에는 사실 머리를 자주 깎는 것도 보통일은 아닌데 말이다.

우리나라 사찰에선 보통 보름이나 열흘에 한 번 삭발을 하는 것이 대중생활의 규칙이다. 그러던 것이 점차 빨라져 일주일에 한 번 깎게 되고 요즘엔 사찰에 행사가 있거나 스님의 개인 일정에 따라 깎는 경우도 자연스레 묵인하게 되었다. 어떤 분은 매일 수염을 깎으면서 머리도 함께 깎는다고 했다. 나는 "왜 그렇게까지 자주 깎지요?"라고 묻지 않았다. 그저 수염 먼저 깎고 머리를 나중에 깎으라는 율에 충실했다는 정도로 이해하려 했다. 왜냐하면 일단 난 수염 깎는 그 고충을 모르니까.

요즘은 일반인들 사이에서도 스킨헤드(Skin Head)를 쉽게 발견할 수 있다. 삭발로써 자신의 사상을 표출하기도 하고 또 삭발이 패션의 일부가 되기도 한다. 그들로 인해 간혹 사복 입은 스님인 줄로 오해하는 일도 발생하는데 어느새 삭발을 출가자 고유의 것이라고 주장하기 어려운 시대가 온 듯하다. 그러나 어느 쪽이든 간에 삭발을 함으로써 자신의 소신과 다짐을 뚜렷이 밝히고 자신 있게 살아가는 모습이라면 충분히 멋진 일 아니겠는가.

언
다

세상의 모든 존재 앞에서
상냥하고 친절하게 행동하기를 서원한다.
남을 먼저 생각하며
그들의 행복과 이익을 위해 자비를 실천한다.

'그것이 과연
　　중생을 위한 일인가?'

사찰

누구에게나
열려 있는
열린 공간

산 좋고 물 좋은 사찰에 머물다가 건물이 빼곡하게 들어서 있는 도심으로 들어오면 으레 모든 것이 낯설고 숨이 턱 막힌다. 그럴 때마다 '역시 나도 출가자이긴 한 모양이군' 하는 생각에 피식 웃음이 나곤 한다. 하지만 그곳이 어디든 도시든 산중이든 스님으로서의 삶에는 변함이 없으니 곳에 맞게 맑은 얼굴로 살아낼밖에.

한때 유학을 했던 일본 교토(京都)에는 사찰이 산보다는 도시나 마을 한복판에 들어서 있는 경우가 더 많아서, 사찰 모습에서 주위 환경과 어우러져 살아 있는 역사의 묵은 향내를 그대로 맡을 수 있었다. 그래서인지 사람들 또한 사찰이나 스님들을 더 편안하게 대할 수 있는 게 아닌가 하는 생각이 들기도 했다.

돌아보면 조선의 역사가 불교를 산속으로 내몰긴 했으나 그것이 꼭 나쁜 일만은 아니었는지도 모른다. 오히려 불교는 그런 아픈 역사를 통해 보이지 않는 곳에 더 뿌리 깊게 자리하여 수행에 몰두하고 백성의 시름을 달래 주고 있었으니 말이다. 하지만 지금은 세상이 바뀌었는데도 아직 우리 불교는 그대로 산중에 머물고 있다. 더 정확하게는 절집에 사는 이들의 인식이 세상 밖으로 나오지 못하고 있는 것 같다.

얼마 전 한 학생으로부터 "스님, 부처님과 제자들은 어디서 살았어요?"라는 질문을 받았다. 사실 초기의 불교 승가는 거리 노숙도 마다하지 않는 유행(遊行) 생활을 기본으로 하였다. 처음부터 건물을 지어 사찰에 거주했던 것은 아니다. 숲 속 나무 아래에서도 쉬고, 마을의 집 처마 밑에서도 쉬었으며, 신도들이 비바람 막을 공간이라도 마련해 주면 거절하지 않고 그곳에 머물렀다. 때로는 유행을 떠난 스님을 줄곧 따라다니며 끼니때마다 공양을 마련해 주는 재가신도도 있었다고 하니 나무 아래나 거리 노숙이 당시의 스님들에게는 나쁘지 않은 생활방법이었던 것 같다.

물론 승가 전체가 유행 생활을 하는 시간이 길었던 것은 아니다. 경전에 자주 등장하는 기원정사가 말해 주는 것처럼 부처님과 제자들은 안거의 대부분을 사원에 머물며 정주 생활을 했다. 부처님께서 열아홉 번의 안거를 보낸 기원정사로 말할 것 같으면, 아나타삔디까(給孤獨)라고 하는 사람이 제따(祇陀) 왕자의 공원을 사서 승가를 위하여 건물을 세우고 머물게 했던 곳이다. 그는 그곳에 스님들이 거주하는 곳, 설법하는 곳, 불씨를 보관하는 곳, 창고, 화장실, 우물, 연못, 공중목욕탕 등의 시설을 마련하였다.

이 가운데 스님들의 개인용 주거 공간에 해당하는 '위하라(vihara)'라고 하는 건축물은 지금의 한국불교에서 보면 요사채에 가깝다. 부처님 당시에는 이 위하라에 관한 규정이 정해져 있어 다른 건축물과 가깝지 않게 약간 거리를 두고 세우도록 했다. 일반인의 출입이 빈번하고 수행에 방해가 될 정도로 가까운 곳은 안 된다는 이유에서였다.

좀 더 자세히 말하자면 스님들이 거주하는 건축물은 벽을 바른 뒤 돌이나 풀 등으로 지붕을 이고 마루나 벽은 흰색이나 검은색, 붉은색 등으로 보기 좋게 칠을 해서 완성했다고 한다. 지금과 같은 벽화는 아니지만 벽에 꽃이나 새 그림을 그려 넣어 그 나름대로 장식도 했다고 한다. 상상만으로도 스님들의 소박한 장식에 미소가 지어지는 풍경이다.

스님들의 수행공간을 제외하고 사찰은 누구에게나 열려 있고 누구나 출입할 수 있는 열린 공간이다. 철없이 뛰어노는 아이들이 놀러갈 수도 있고 힘들고 지칠 때 심신 안정을 위해 찾아갈 수도 있다. 진리를 묻기 위해 가거나 도망쳐 온 사람이 갈 수도 있다. 어디 그뿐인가. 낮에 가도 괜찮고 밤에 가도 괜찮은 곳이 바로 열린 사찰이다.

하지만 한편 한국의 사찰에는 일반인 출입 통제 구역도 더러 있다. 수행에 방해가 되는 공간에 한해서 그러하다. 이는 일반인들도 충분히 이해하고 있으리라 생각된다. 그런데 그렇게 수행에 방해되는 공간이 아님에도 불구하고 승가생활을 지나치게 감추는 경우가 있어 때로는 의심을 사기도 한다. 사찰에 관한 정보를 일반에 공개하지 않는다는 것은 뭔가 석연찮은 구석이 있다는 얘기가 되니 말이다. 개방성 높은 사찰일수록 신뢰도가 높다는 사실을 기억해야 한다.

아늑한 사찰,
지친 이들을
품다

1년쯤 전이었던가, 어느 절에 갔는데 도량 불사를 너무 잘해 놔서 깜짝 놀랐다는 한 스님의 얘기를 듣고 '도대체 얼마나 불사를 잘했기에 그러지?' 하며 반신반의한 적이 있다. 그리고, 그렇게 궁금해하던 찰나에 아는 스님이 그 절을 방문한다기에 "저도 그 절에 한번 가 보고 싶은데 동행해도 되겠습니까?" 하고 양해를 구하고 따라갔다. 공손하게 말은 했지만 내심 눈에 불을 켜고 따라갔던 게 사실이다.

가서 보니 과연 칭찬받고도 남을 만큼 아름답고 아담한 건물이 세워져 있었다. 법당이라기보다는 오히려 작은 갤러리 같은 느낌이 더 들었으며 현대인들의 마음을 끌기에 충분히 세련된 감각이었다. 불사가 잘 되어 있다고 해서 그저 돈 많이 들인 전통사찰이겠거니 생각했는데, 그것은 옹졸한 나의 상상에 불과했다. 무채색 톤의 색상과 텅 빈 아늑함이 도시생활에 지친 이들을 넉넉하게 품어 주고 있었으니, 유명 건축가 못지않은 그 절 주지스님의 소신 있는 안목 덕분인 것 같았다. 도심 포교에 대한 원력이 여실히 드러났다.

불과 얼마 전까지만 해도 스님들은 주지 소임만 맡았다 하면 좀 더 편리하게 도량을 정비하고자 부수고 짓느라 바빴다. 이전에는 그렇게 편리하게 정비해야 할 사찰이 많았던 것도 사실이다. 그런데 그런 도량 불사가 점점 과열되다 보니 편안함과 아늑함을 주어야 할 사찰이 너무 비대해져 버려 이제는 쉽게 들어가기조차 어려운 절로 바뀌고 말았다. 어디 그뿐인가. 이제는 연료비조차 감당하기 어려워 관리하는 데만도 벅차하는 사찰들이 많다. 그러니 임기 동안 건축가를 꿈꾸는 스님들도 움찔할 수밖에 없다.

부처님 당시에도 자신이 머물 공간에 집착을 보이는 상황이 나타난다. 예를 들면 율장 도둑질 금계[不盜戒]에 등장하는 다니야(壇尼迦) 비구의 경우가 그렇다. 다니야 스님은 처음에 산기슭에 초가집을 짓고 살았는데 마을에 걸식을 하러 간 사이 땔감을 모으던 사람이 빈집인 줄 알고 집을 부수어 자재를 모두 가져가 버렸다.

스님은 다시 초가집을 지었지만 며칠 안 되어 또 그런 일이 생겨 다시 짓기를 세 번이나 반복했다. 나중엔 흙집을 만들었는데, 흙집을 짓기 위해 재료를 굽다가 미생물들을 죽게 만들었다는 이유로 부처님께서 토굴을 부수게 하자 이번엔 나무로 집을 지었다.

하지만 목재를 구하기가 힘들어 거짓말까지 하면서 나라의 목재를 가져다가 개인 수행처를 지어 세간의 비난을 샀다. 부처님 당시에도 머물 공간에 집착이 강한 이가 있었음을 알 수 있다. 이후로 율장에는 작은 토굴이라도 그 취지를 승가에 제의하여 개인 수행처를 지을 곳으로 적합한지 승가의 허락을 받은 후에 지을 수 있도록 했다. 건물의 크기를 승가가 제한함으로써 혼자 생활하는 스님이라 할지라도 승가로부터 완전히 이탈하는 일 없이 승가 구성원이라고 하는 입장을 분명히 했던 것이다.

이렇게 스님 개인이 짓는 경우에는 엄격한 규정이 있었으나 반면 신도가 특정 스님을 위해 지어 주는 경우에는 특별한 제한도 규정도 없었다. 모든 것을 신도가 희망하는 대로 알아서 결정하도록 하라는 의미이다. 그런데 개인이 머물 작은 공간에 대해서는 그렇다 쳐도 승가가 공동생활을 하는 정사를 지을 때에는 얘기가 다르다. 승가는 사원건축 및 관리를 위해 필요한 만큼의 재정 상태를 유지해야 하며 그것은 곧 재가신도의 존경심만큼이나 많은 기부를 받아야만 한다는 부담감이 생기기 마련이다.

그러니까 어떻게 보면 크고 좋은 사찰에는 신도들의 존경을 많이 받는 스님이 머문다는 결론을 이끌어 내기도 한다. 또 역사적으로 보면 사원건축이 얼마나 화려했는가에 따라 당시의 불교 성쇠를 판단하기도 했던 것이 사실이다.

그런데 그것이 정말 타당한 기준이며 옳은 생각이라고 할 수 있을까? 사원건축이 훌륭해졌다고 해서 반드시 불교가 융성하고 있음을 의미하지는 않는다. 사원건축의 화려한 확충을 불교 번영의 기준으로 생각한다면 그것은 오산이다. 불교의 번영은 결코 건물로 판단되지 않는다. 스님과 불자 한 사람 한 사람의 행위가 더 중요하다.

다만 내가 다니는 사찰이 왠지 생활하기 불편한 듯하고 스님들이 수행하는 데에도 쾌적하지 않은 환경이라고 생각한다면 그런 도량은 스님과 불자가 힘을 모아 서로에게 편안한 공간으로 만들면 된다. 그저 장엄을 위한 가람 건축은 불필요한 재화 축적에 지나지 않는다.

저 대대적인
선교활동을
또 어찌할꼬

"예수 믿고 천당 가십시오. 하나님의 품으로 돌아오십시오. 하나님은 당신의 죄를 사하여 주실 것입니다." 서울의 길거리에서 수시로 들을 수 있는 개신교 선교 내용이다. 이들은 몸 앞뒤에 '예수천당 불신지옥'을 써 붙여 놓고 메가폰을 잡고는 연방 떠들어 댄다. 며칠 전에는 조계사 앞에서 횡단보도를 건너는데 선교활동을 하는 어떤 사람이 나를 따라오며 뒤통수에 대고 계속 이렇게 읊어대는 것이었다.

선교도 정도껏이지 뒤통수에 스피커를 바로 대고 떠들어 대니 골이 울려 머리가 지끈지끈 아팠다. 게다가 나는 스님이 아닌가. 저들의 무례함은 끝이 없다. 듣다 못해 울화가 치밀어 인근 경찰서로 가서 뭐라고 항의라도 하고 싶었으나 내 상황을 지켜보던 사람들이 하나 둘 횡단보도 앞에 모여들기 시작하면서 생각이 바뀌었다. '어! 이것 봐라.' 사람들은 내가 과연 어떻게 나올지 흥미롭게 지켜보고 있었다.

조계사 인근이다 보니 그중에는 불자도 분명 있었을 텐데 누구하나 나서는 사람이 없었다. 잠깐이지만 순간 나는 외롭다고 느꼈다. 선교하는 사람은 기세등등하여 더 크게 목청을 높였다. 궁리 끝에 가방에서 얼른 휴대폰을 꺼내어 카메라를 켰다. 그러고는 뒤를 돌아 선교하는 양반의 얼굴에 들이밀었다. 찰칵! 순간 당황한 이 아저씨, 얼른 고개를 돌려 딴 곳으로 가 버린다. 주위 사람들은 통쾌하다는 듯 히죽히죽 웃는다. 어떤 이는 엄지손가락을 치켜든다. '에구에구~ 꼭 이래야 하는지 원.'

지난해 대구에서는 현직 목사가 동화사에 난입하여 경전과 불서를 찢고 벽화와 불화를 훼손하는 사건이 있었다. 어디 그뿐인가. 불화에 입에 담지도 못할 욕설을 쓰고 조사전에 신발을 신고 들어가 불단 위를 돌아다니며 다기에 소변까지 보았다. 그런데도 불교는 별 말이 없다. 불자들 또한 그러려니 한다. 게다가 기독교인들은 미안해하는 시늉도 안 낸다. 타 종교에 대해서는 양심도 배려도 없다. 이런 상황에서 불교는 언제까지 참기만 해야 하는지 속좁은 나는 화가 치민다. 하다못해 제대로 된 입법이라도 추진해야할 게 아닌가 말이다.

여름 휴가철만 되면 절 바로 아래까지 사람들이 올라오는 통에 절 주변에서는 온갖 꼴사나운 행위(고기 굽고, 술 마시고, 큰 소리로 노래 부르는)가 벌어진다. 맑고 깨끗한 산과 절을 훼손시키는 까닭에 주의라도 주게 되면, 술에 취한 사람들은 조용히 받아들이기는커녕 외려 더 큰소리를 내어 싸움이 되기 일쑤다.

그동안 스님들이 대중을 실망시키는 일들이 더러 있었기에 남을 계도하는 데에도 어려움이 많은 것이 사실이다. 그러나 종교를 믿고 안 믿고를 떠나 신성한 수행도량에 왔으면 거기서만큼은 적어도 기본예절을 지켜야 하지 않을까? 여름철에는 속상한 일들이 너무 많다.

사찰은 누구에게나 열려 있고 개방성이 높은 사찰일수록 신뢰도도 높다. 하지만 사찰이 제아무리 열려 있고 개방적이라고 해도 도량 내에서 '개신교도들의 땅 밟기' 같은 무례한 선교 행위가 이루어지는 등 벌어져서는 안 될 일들이 벌어지도록 사찰이 방치해서는 안 된다. 그것은 명백하게 도량에 거주하는 이들의 잘못이다. 어정

쩡한 태도로 자비의 종교를 얘기하며 모든 것을 다 용서하는 것이 불교의 미덕인 양 행동해서는 안 된다는 말이다. 입장 바꿔 생각해 보라. 스님들이 일요일마다 교회 앞에서 목탁을 친다. 그럼 저들이 가만히 있겠는가.

부처님 당시에도 외도였던 자가 승가에 들어오려면 무려 4개월의 관찰기간을 두고 별주를 시켜 그를 시험했다. 그 정도로 불교는 외도에 엄격한 종교였다. 불교 외의 다른 사상으로부터 승가를 보호하려 했던 것이다. 피켓 들고 거리로 나가서 포교하는 스님은 안 될지언정 스님과 불자들은 적어도 내 사찰 내 도량만큼은 내 손으로 맑고 향기롭게 지켜 내는 도량 지킴이가 되어야 하지 않겠는가.

나아가 잊지 말자. 현대는 다종교 다문화 시대다. 모두가 조화롭게 살아가려면 기본적이고도 보편적인 예의는 지켜야 한다. 그가 바로 문화인이다. 그나저나 조계사 인근 인사동 초입에서 벌어지고 있는 저 대대적인 선교활동은 또 어찌할꼬.

마음을
맑히는
문화공양

가을이라 그럴까? 밖으로 나가 숲을 거닐다 보면 한결 진해진 햇볕과 느릿느릿 움직이는 흰 구름과 솔솔 불어오는 시원한 가을 바람이 가슴속까지 스며드는 것 같다. 마음이 더없이 평온하고 넉넉해짐을 느낀다. 단순히 음미하게 하기보다 자연과 벗이 되고 그 속에서 각자 자신의 인생을 돌아보게 만드니 이 가을 자연은 참으로 훌륭한 스승이 아닐 수 없다.

그런데 산사로 향하는 이토록 아름답고 풍요로운 길에 숲과 어울리지 않아서 유난히 눈에 띄는 것이 있다. 바로 산사음악회를 알리는 플래카드다. 사춘기적 감수성에 듬뿍 빠져 걷게 만드는 풍경화 같은 이 숲길에 인공적인 플래카드가 달려 있으니 눈길을 확 끄는 건 당연하지 싶다. 게다가 유명 가수의 이름이 적혀 있어 더 관심을 갖게 만든다. 연예인을 볼 수 있어 좋아할 사람이 많을지는 몰라도 솔직히 내 눈에는 좀 거슬린다. '저렇게 유명한 가수를 부를 수 있다니 이 절 참 대단하네'라는 생각이 씁쓸하게 머리를 스치곤 한다.

불교에는 정식 스님이 아닌 예비스님이 지켜야 할 계에도 '가무는 즐기지도 말고 가서 보지도 말라'는 내용이 있다. 그런데 어느 때부터인가 우리는 가무를 금하기는커녕 사찰에서 아예 음악회를 열기 시작했다. 물론 산사음악회 행사의 취지는 부처님께 음성공양을 올린다는 것이다. 대중포교의 일환이기도 하다. 그렇다면 처음 시작하던 당시의 취지에 맞게 지금도 산사음악회가 진행되고 있는가? 사실 이렇게 물으면 고개가 갸우뚱해진다.

그럼 부처님은 뭐라고 하셨을까? 《마하승기율》에는 음악 공연과 관련하여 두 가지 이야기가 나온다. 우선 부처님이 왕사성에 계실 때, 육군비구들이 거리공연하는 곳에 가서 좌선하듯 앉아서 보다가 엉뚱한 때에 박수를 치고 웃어서 공연을 망치게 했다. 사람들이 비난을 퍼부은 것은 말할 것도 없다. 그것을 계기로 부처님은 노래하고 춤추는 공연에 가서 비구들이 구경하는 것을 금하셨다.

단 비구가 마을에 들어가는데 왕의 행차가 있어서 그 뒤에 갖가지 기악을 연주하는 이가 있다면 지나가면서 보는 것은 죄가 되지 않는다고 하였다.

또 부처님께서 탄생하신 날을 기념하기 위한 모임이나 법회를 보던 큰 모임에서 갖가지 악기를 연주하여 부처님께 공양 올리는 것을 보는 것은 가능하다. 그러나 출가자가 노는 것에 집착하여 신도들과 어울려 놀기 좋아하는 마음이 일어나면 곧장 그 자리를 떠나야 한다고 규정한다. 이것이 첫 번째 이야기다.

두 번째 이야기는 부처님이 사위성에 계실 때의 일이다. 이미 열반에 드신 부처님께 공양을 올리기 위하여 탑 앞에서 노래하고 춤추어도 되는가 하는 왕의 물음이 있었다. 부처님께서는 "공양을 올리기 위해서라면 꽃과 향과 춤과 노래, 의복과 음식으로 다 공양해도 됩니다"라고 말씀하셨다. 즉 공양을 위해서라면 춤과 노래를 허용하겠다는 내용이다.

그렇다. 부처님께 올리는 공양에 한해서라면 노래도 춤도 연주도 다 괜찮다. 더욱이 세상이 변해서 지금은 다양한 문화적 접근방법을 통해 포교가 이루어지고 있는 것도 사실이다. 그렇기 때문에 산사음악회는 음악을 포교의 방법으로 활용한 불교문화 포교라고 당당히 말할 만하다. 그래서인지 가을이 깊어갈수록 전국에서 다양한 문화행사가 열리고 있다.

그런데 지금의 산사음악회는 부처님을 찬탄하고 진리의 가르침을 전하는 내용과는 상당히 멀어져 있는 느낌이다. 흔해 빠진 유행가가 대부분을 차지한다. 고액을 주고 데려온 가수들은 음성공양에 대한 인식이 없을뿐더러 사찰예절도 모른다. 숨 가쁜 일정을 소화하기에 바쁘다. 이들에게는 반드시 스님의 친절한 가르침이 필요한 것 같다.

가 본 이들은 다 알겠지만 산사음악회는 그 어떤 대중공연보다도 아름답고 멋지다. 대자연과 함께해서 그렇고 향내음 그윽한 산사에서 이뤄져서 더욱 그렇다. 그러나 산사음악회가 단순히 사람을 모으는 음악공연으로만 흘러가서는 안 되겠다. 산사의 정취를 온전히 느끼고 부처님과 함께하는 공간에서 이루어지는 대중공양을 위한 공연이라는 것을 결코 잊지 말았으면 한다.

사찰은 누구에게나 열려 있다.
하지만 사찰이 아무리 열려 있다 해도
도량 내에서 무례한 행위가 이루어져서는 안 된다.
나아가 잊지 말자.
현대는 다종교 다문화 시대다.

모두가 조화롭게 살아가려면
기본적이고도 보편적인 예의는 지켜야 한다.
그가 바로 문화인이다.

차라리
절 밖에 머무는 편이
더 낫다면?

얼마 전 시골 사는 도반스님이 들렀다 가면서 우리 은사스님이
계신 절에 다녀온 얘기를 해 주었다. 사실 듣고 보면 별일 아닌 이
야기처럼 느낄 수도 있다. 하지만 요즘처럼 객승이 절에 가서 방사
(객실)를 얻어 하룻밤 묵고 오는 것이 쉽지 않은 경우에는 나름대로
기억에 남을 만한 일이기도 한 것이다.

도반스님은 충청도 부여의 한 시골마을에 산다. 그 스님이 사는
절은 마을에서 꽤 떨어져 있어 고요하고 평온한 일상을 보내기에
안성맞춤이다. 하지만 외출이라도 한번 할라치면 차가 없이는 여
간 불편한 게 아니다. 그런 곳에 사는 스님이 하루는 볼일이 있어

버스와 기차를 여러 차례 번갈아 타며 대구까지 먼 길에 나섰다. 그런데 볼일이 하루에 채 끝나지 않아 절로 되돌아갈 수도 없고 해서 도반인 내가 없는데도 우리 절에서 묵고 왔다는 것이다.

내가 말하고 싶은 것은 바로 이 부분, 객승과 객실문화다. 어른 스님들 말씀을 들으면, 예전엔 걸망 하나 등에 지고 산천을 유행하다 배가 고프거나 머물 곳이 필요하면 절을 찾아가 객승임을 밝히고 하룻밤 묵기를 청하면 그만이라고 했다. 10년쯤 전만 해도 어느 절이든 객스님을 냉담하게 거절하는 경우는 그다지 많지 않았다고 한다. 객스님을 맞이하는 소임을 맡은 지객스님은 고단한 수행자에게 잠자리와 먹을 것을 제공하고 떠날 때는 여비까지 챙겨 주며 고독한 수행길을 따뜻하게 격려해 주었다. 또한 객스님은 시간 맞춰 예불하고 공양하면서 출가자로서의 도리를 다하고 떠나면 그뿐이었다.

그러던 것이 세상이 삭막해진 것만큼 절집 인심도 얼어붙어 쉽사리 방사를 얻을 수가 없게 되었다. 그렇다고 객스님을 받아 주지 않는 사찰에만 잘못이 있다고 볼 수는 없다. 요즘엔 객비를 뜯어내기 위해 사찰을 찾아드는 가짜스님들이 워낙 활개를 치다 보니 절집 문간에도 단호한 빗장이 걸릴 수밖에 없는 상황이 되었다. 무소유공동체를 지향하는 승가의 일원이라면 누구라도 승물을 공유할 수 있는 자격이 있음에도 불구하고, 승가 내에서조차 너와 나의 선이 명확해진 것이다.

따라서 이처럼 객승으로 사찰을 방문하여 방사를 청하게 될 때에는 사(寺) 측이 불안해하지 않도록 자신의 문중이나 소속을 정확하게 밝히고 겸손한 태도로 사정을 말하여 잠자리를 구하여야 한다. 그렇게만 한다면 어느 절에서도 무조건 냉담하게 거절하는 태도를 보이지는 않을 거라 생각된다. 반대로 사찰 측에서 하룻밤 묵어가기를 청하는 객승을 대하면서 그 사정조차 제대로 들어보지 않고 그저 구걸하는 스님인 양 무시하는 태도로 쫓아 버리려고만 한다면 이 또한 바람직한 태도가 아니다. 양해를 구하는 것뿐만 아니라 배려를 베푸는 데에도 반드시 상대를 존중하는 예의가 필요하다.

사실 요즘처럼 경제가 어려운 상황에서는 절집 살림을 원만하게 운영해 가기가 결코 만만치 않다. 공과금을 내는 것도 버거워하는 사찰들이 많은 걸로 알고 있다. 하물며 객승이랴. 심경이야 이해가 간다. 그런데 충분히 쓸 만한 객실이 있는데도 방사가 없다며 내어 주지 않는 경우도 더러 있는 것 같다. 무슨 뜻인가 하면, 방 주인이 멀리 출타하여 장기간 머물고 있지 않지만 방에 짐을 풀어 놓아 방을 내어 줄 수 없다는 것이다.

율장에 이와 관련된 이야기가 나온다. 투란난타(偸蘭難陀) 비구니라고 하는 말썽꾸러기가 있는데 한번은 방사를 승가에 반환하지 않은 채 며칠간 유행을 떠났다. 자기가 쓰던 방을 반환하고 떠나면 돌아와서 다시 방사 배정을 받아야 하는데, 그렇게 되면 좋지 않은 방사를 받을 가능성이 있기 때문에 방을 반환하지 않고 떠난 것이다.

그런데 그렇게 떠나 있던 사이 화재가 발생하여 방사가 홀랑 타 버리고 말았다. 유행을 마치고 승가에 돌아온 투란난타는 그 상황을 알고 오히려 남아 있던 다른 비구니를 나무랐다. 그러자 전체 비구니 대중들이 나서서 투란난타 비구니를 비난했다. 이 사건을 계기로 '어떤 비구니라도 자신이 머물던 곳을 반납하지 않고 유행을 가 버리면 죄가 된다'는 계가 성립되었다.

이처럼 승가는 어떤 한 개인의 소유가 아니라 공공의 자산이다. 시절이 어렵더라도 따뜻함을 나누어 객승이나 객실문화가 예전처럼 아름다운 승가풍토의 하나로 자리 잡았으면 좋겠다. 그런 분위기가 형성되어야만 갈 곳이 없어도 차라리 절 밖에 머무는 편이 더 낫다는 생각이 조금이나마 줄어들 테니까 말이다.

삼배와
인사문화

절,
내 안의 불성을 향한
마음가짐

선학(禪學)을 연구하는 학자라면 이름을 모르는 이가 없을 정도로 저명한 야나기다세이잔(柳田聖山)이라는 학자가 있었다. 지금은 고인이 된 지 오래지만 다음 생에 다시 태어나면 대장경이 있는 해인사에 출가해 스님이 되고 싶다는 말을 남길 만큼 그 학자는 생전에 고려판 대장경에 각별한 애정을 가지고 있었다. 그래서 돌아가시기 전에 직접 해인사를 방문하여 법당에서 다음 생에 다시 태어나 이곳에 와서 부처님 법기를 서원하는 감동적인 장면이 연출되기도 했다.

그런데 해인사를 방문했을 때 고령의 노학자에게 불편한 상황이 있었다고 한다. 여러 스님들과 함께 자리했을 때의 일이다. 일본인의 좌식생활은 무릎을 꿇고 앉는 것이 예를 갖춘 바른 자세인 반면한국인은 양반다리(가부좌 포함)를 하고 척추를 세워 앉는 것이 바른자세이다. 그러다 보니 함께 좌담을 나눌 때에 스님들은 양반다리,노학자는 무릎을 꿇은 상태로 이야기가 진행되었던 것이다.

예를 갖춘 정중한 대화가 오갔지만, 겉모습만 보면 마치 늙은이가 젊은이들 앞에서 무릎 꿇고 걱정이라도 듣는 모양새가 되었다.물론 이것은 서로의 문화가 다르기 때문에 발생한 어쩔 수 없는 상황이라지만, 이 일화는 우리에게 사찰에서의 인사문화를 돌아볼 계기를 제공해 준다.

출가자건 재가자건 사찰을 방문해 어른스님을 처음 뵙게 되면먼저 인사를 올린다. 반가워서이기도 하고 예의를 갖추기 위해서이기도 하다. 도량에서 뵙게 되면 고개 숙여 합장반배를 하면 되지만실내에서는 큰절을 하는 게 보통이다. 이때 대개는 삼배를 하는데,간혹 첫 번째 절은 그렇다 쳐도 두 번째 절이 시작되면 어른스님들은 으레 손을 저으며 한 번만 하라고 말씀하신다. 그럼 절하던 사람은 해야 하나 말아야 하나 망설이다가 어정쩡하게 한 번 더 하게 되고, 그렇다고 두 번만 하고 절을 마치기는 뭣하니까 세 번째절까지 마저 할 때가 있다.

율장을 보면, 제자들이 부처님께 오른쪽 무릎은 꿇고 왼쪽 무릎은 세워 합장하는 모습[右膝着地]이 자주 등장한다. 이는 인도 고유의 인사예법으로 존경의 뜻을 나타낸다. 또 가사를 수한 상태에서 오른쪽 어깨를 드러내어 예를 갖추는 모습[偏袒右肩]도 자주 볼 수 있는데 이 또한 스승에게 예배 공경하는 뜻을 전하는 인도식 예법이다. 우리 같으면 어깨를 드러내고 인사를 하면 예의도 모르고 경박하다고 놀릴 만한데 인도에서는 어깨를 드러내어 인사하는 것이 스승에 대한 예우인 것이다. 문화상대주의를 생각하지 않을 수 없는 부분이다.

서양 사람들은 만나면 악수를 한다. 가까운 사이에는 끌어안고 입을 맞추기도 한다. 어떤 나라 사람들은 손가락으로 깍지를 끼었다가 빼는 것으로 인사를 대신하기도 하고, 또 어떤 나라 사람들은 콧등을 서로 비비는 것으로 인사를 대신하기도 한다. 반면 동양의 경우에는 신체의 높이를 낮추는 정도에 따라 공경도가 달라진다. 많이 낮출수록 공경도가 더해진다. 우리가 절에서 부처님 앞에서 하는 고두례(叩頭禮)가 대표적인 예이다. 고두례는 마지막 절을 마치고 나서 오체투지한 상태에서 고개를 들고 두 손을 모아 합장하는 것으로, 머리를 바닥에 조아려 찧는 중국식 배례와도 유사하다.

그러나 현대사회에서는 동서양을 막론하고 초면이든 구면이든 악수를 하면서 눈을 마주하고 인사말을 건네는 것이 보통이다. 요즘은 스님들도 만나면 합장은 하더라도 별도로 악수를 하는 경우가 많아졌다. 물론 대부분이 윗사람이 아랫사람에게 권하는 격려의 악수이거나 오랜만에 만난 도반끼리 반가움에 손을 맞잡는 경우이다. 이처럼 세상이 변하는 만큼 인사문화도 변해 간다.

그래도 사찰에서는 여전히 삼배로 인사한다. 스님들 사이의 인사도, 재가불자가 스님들께 하는 인사도 그러하다. 나는 사찰의 절 문화가 그렇게 불편하게 생각되지 않는데 절하는 것이 익숙하지 않은 일반인들로부터 처음 사찰에 왔을 때 스님께 삼배를 올리라는 주문을 받고는 적잖이 당황스러웠다는 얘기를 종종 듣는다.

삼배라는 것이 상대방을 향한 절이 아니고 삼보를 향한 절이며 내 안의 불성을 향한 절이라 하더라도 형식적인 면만 두고 보면 불편할 수도 있다. 게다가 연로하신 노보살님이 젊은 스님 앞에서 삼배하는 장면을 보고는 이해를 못하거나 상하 질서를 지나치게 강조한 행위라는 말을 듣기도 한다. 그러니 승가의 인사예절로서 절 문화는 이어가되 삼배가 아닌 일배만, 또는 맞절을 하는 것으로 인사문화를 바꿔 가는 것은 어떠한가.

스님과
신도 관계

때문이라는 '원망'과
덕분이라는 '감사'

　한 집에 두 형제가 자라서 형은 알코올중독자가 되고 동생은 유명한 변호사가 되었다. 형제가 사는 모습이 너무 달라서 그 이유를 물었더니, 형은 자신이 그렇게 된 것은 모두 알코올중독자인 아버지 '때문'이라고 했고 동생은 알코올중독자인 아버지 '덕분'이라고 했다. 형은 아버지 때문에 아무것도 할 수 없었다고 하고, 동생은 아버지처럼 살지 않기 위해 열심히 공부했다는 것이다. '때문에'와 '덕분에'의 차이가 극명하게 엇갈린 결과를 가져왔다.

　나도 그렇다. 늘 '때문이라는 원망'과 '덕분이라는 감사' 사이에서 오락가락한다. 신도님들도 그런 것 같다. 스님들 때문에 절에 가기 싫다는 분도 있고, 스님들 덕분에 집안이 잘 되고 절에 가야

불공도 잘 된다는 분이 있다. 한창 불교계가 어수선하였을 때 스님들 때문에 절에 갈 맛이 안 난다는 신도님들의 얘기가 십분 이해 가면서도, 그런 와중에도 더욱 열심히 신행활동을 하는 분들이 계셔서 승가의 한 사람으로서 감사하였다.

사실 불교에 대해 조금이라도 관심을 갖게 되면 스님들의 행위가 가장 먼저 보이기 마련이다. 그리고 보통 사람들은 스님들의 가르침을 통해 불교를 알아 가는 경우가 대부분이다. 때문이든 덕분이든 스님과 신도 사이의 관계가 불교에 대한 이해도를 높이는 데 큰 역할을 하는 것만큼은 확실하다. 그렇다면 스님과 신도들 사이의 인간관계는 어떻게 형성되는 것일까?

부처님 당시의 사람들은 일반적으로 수행에 전념하는 출가자에게 존경심을 가지고 보시하는 것이 훗날 자신에게 좋은 과보를 가져올 것이라고 생각했다. 그래서 사람들은 무엇보다도 출가자를 위해 보시하는 데 힘썼다. 승가와 재가 모두에게 이익이 되는 연결 고리가 바로 보시였고, 승가는 사회와의 우호관계를 유지해 감으로써 불교 존속의 뿌리를 이어갔다. 그런데 그런 우호관계를 지속시켜 가기 위해서는 재가자보다 출가자에게 더 많은 조건들이 요구되었다.

그 조건 중에서도 대표적인 것이 승가는 항상 개방된 공간이어야 한다는 것이다. 개방된 공간이란 곧 출가자와 재가자 사이에 그 어떤 인적 제한이 없다는 것을 말한다. 재가신도나 일반인들은 언제라도 사찰에 올 수 있었고 만나고 싶은 출가자가 있을 땐 언제라도 찾아가 만날 수 있었다. 출가자 또한 만나야 할 사람이 있으면 안거 기간 외에는 밖으로 나가 마음대로 만나곤 했다. 승가는 자신들이 수행하며 살아가는 모습을 누구에게나 차별 없이 보여주며 신뢰를 얻었다.

그런데 이렇게 출가자가 재가자와 자주 접하다 보면 간혹 난감한 일이 발생하기도 한다. 그러면 그 피해를 고스란히 승가가 떠안게 된다. 율장 승잔법 제2조에 이런 얘기가 나온다.

부처님과 같은 날에 태어나 태자 시절 친구이며 석가족의 사신이 되어 부처님을 고향으로 맞이했던 우다이(優陀夷)라고 하는 비구가 있었다. 빨리율에 의하면 그는 개인 소유의 화려한 정사를 지어 아란야(승가와 떨어진 외딴 수행처)에 살고 있었는데 평판이 좋아 사람들이 많이 찾아왔다. 그 가운데 한 바라문 부부가 찾아와 우다이는 그들에게 정사의 이곳저곳을 안내해 주었다.

그런데 바라문의 부인이 너무 미인이어서 안내 도중 그만 남편

몰래 부인의 몸을 더듬고 말았다. 아무것도 모르는 남편 바라문이 우다이 비구를 훌륭한 분이라고 찬탄하자 아내는 발끈하며 "그에게 무슨 존귀함이 남아 있어요? 당신이 나를 만지는 것처럼 저 사문 우다이 또한 내 몸을 더듬었는데"라고 말한다. 바라문은 몹시 불쾌해하며 우다이를 격렬하게 비난했다. 그 일이 승가에 전해지고 부처님 귀에까지 들어가자 부처님은 우다이를 불러 사실관계를 확인한 뒤 여인의 신체와 접촉하는 것을 금하고 이를 어기면 승잔죄를 적용하였다.

승잔죄는 근신 처분에 해당하는 중죄이다. 이처럼 출가자와 재가자 사이의 자유로운 교류는 불교 포교에 있어 꼭 필요한 부분이기도 하지만 많은 문제점을 야기하기도 했다. 사실 스님들의 행동은 사람들 눈에 훤히 비친다. 스님들은 일반인들의 감시를 받는다고 해도 과언이 아니다. 그래서 스님들이 힘들기도 하지만 도리어 그것이 승단이 존경할 만한 가치 있는 집단이라는 것을 보여줄 기회가 되기도 한다. 자기의 생활이 외부에 공개되고 있다는 출가자의 자각이야말로 스스로의 행동을 자제하는 데 도움이 된다. 어른 스님이라고 다를 바 없다.

스님, 그 걸망 속에는
뭐가
들어 있나요?

3년쯤 전이었던가. 저녁 무렵 서울시청 앞에서 횡단보도를 건너
려고 서 있는데 거사님 한 분이 내게 물었다. "스님, 저 궁금한 게
있는데요, 등에 지신 가방을 뭐라고 합니까?" 뒤통수에 대고 갑자
기 물어오는 탓에 움찔해서 돌아보니, 퇴근길인지 서류가방을 든
점잖은 분이 서 계셨다. "예, 이것은 걸망이라고 합니다." "그럼 그
걸망 속에는 뭐가 들어 있나요?" 정말 궁금해하는 것 같았는데, 순
간 장난기가 발동했다. "뭐가 들어 있을 것 같습니까?" 도리어 내
가 물었다. 그랬더니 글쎄 "불상과 경전이 들어 있지 않을까요?"
하는 것이었다. "예? 불상이요?" 당황한 나머지 나는 웃으며 잠시
할 말을 잃고 말았다.

스님의 걸망 속에는 뭐가 들어 있을까? 세상 사람들은 퍽이나 궁금한가 보다. 그 상상의 나래를 꺾을 수야 없지. 당시 내 걸망 속에는 가사장삼과 여벌의 옷, 세면도구와 기차 안에서 마시다 남은 음료 등이 들어 있었다. 하지만 일일이 설명하지 않고 "사찰행사에 필요한 것이 들어 있습니다"라는 정도로 얼버무렸다.

유학을 떠날 때는 나도 손에 쏙 들어오는 아주 작은 나무조각상을 달마도와 함께 타국까지 모시고 갔다. 하지만 스님들이 먼 나라로 구법(求法) 여행을 떠나는 것도 아니고, 평소에 불상을 모시고 다니지는 않는다. 다만 소책자로 된 경전 한 권 정도는 대부분 넣어 다니는 걸로 알고 있다. 나도 그렇고 내 주변의 거의 모든 비구니스님들이 그러하다.

원래 걸망은 스님들의 공양 그릇인 발우를 담는 주머니에서 비롯되었다. 그러나 율장에 의하면 발우 주머니를 지팡이에 묶어 어깨에 걸쳐 메고 돌아다니는 것을 부처님께서 위의에 어긋난다고 하여 금지했다고 한다. 복장이나 태도 등에 관한 규정[衆學法] 중 95번째에 해당되는 율이 그것이다.

그 옛날 인도 내에서도 많은 변화를 겪게 된 불교는 동서교통로가 열리면서 대승불교의 확산과 함께 스님들도 장거리 여행을 하는 경우가 발생하였다. 그러다 보니 걸망에 들어가는 물건도 많아지게 된 것이다. 원래 승가는 가사와 발우만을 비구의 소유물로 인정했으나 뒤에 비구육물(比丘六物)을 소지하도록 규정했고 다시 열여덟 가지[比丘十八物]로 제시되었다.

비구가 지녀야 할 여섯 가지의 물건은 세 종류의 가사[僧伽梨, 鬱多羅僧, 安陀會]와 발우, 방석과 물거름 천을 말한다. 한편《범망경》에서 제시하는 비구가 지녀야 할 열여덟 가지 물건은 양치질을 할 때 쓰는 가는 나뭇가지(칫솔), 손 씻을 때 쓰는 비누, 세 가지 가사, 물병, 발우, 방석, 지팡이, 향로, 물거름 천, 수건, 머리 깎는 칼, 불 붙이는 부싯돌, 코털 제거용 칼, 간이 의자나 침상, 경전, 율장, 불상, 보살상이다.

지금처럼 교통수단이 발달한 것도 아니고 이 많은 물건들을 어떻게 다 지니고 다니라는 것인지…. 그렇다고 장거리 여행에서 이 가운데 딱히 빼놓을 만한 물건도 없으니 스님들이 이동하면서 안거를 보내는 것은 상당히 힘들었을 것 같다. 지금은 방부 들이고 안거를 가기 전에 짐을 싸서 택배로 보내기 때문에 이런 문제에서 벗어나 있으니 그나마 다행이다.

요즘엔 갓 출가한 학인스님이나 선객스님 외에는 걸망을 지고 다니는 모습이 예전처럼 흔치 않다. 걸망보다는 각자 용도에 맞게 디자인된 실용적인 물건을 구매하여 사용하는 분들이 더 많다. 책이나 컴퓨터, 원고뭉치를 들고 다니는 일이 잦은 나의 경우만 보더라도 그렇다. 천으로 된 걸망이 몇 번이나 찢어진 뒤에는 미련 없이 질긴 책가방으로 바꾸었다.

그것도 차가 없을 때의 일이다. 지금은 작지만 차가 있어 걸망의 용도를 대신한다. 지방으로 법회나 강의를 하러 갈 때도 가사 장삼과 책, 컴퓨터 등을 전부 자동차에 싣고 간다. 그 많은 물건들을 이고지고 먼 지방까지 간다고 생각하면 고개가 절레절레 흔들어진다. 지금의 나는 그야말로 자동차가 걸망을 대신하는 시대를 살고 있다. 게다가 깊은 산중까지 가려면 자동차가 정말 필요하다. 따라서 걸망을 대신하는 자동차의 소유에 대해서는 그다지 문제로 받아들여선 안 된다는 게 나의 입장이다.

다만 스님들이 지나치게 값비싼 자동차를 소유하는 경우는 문제로 지적될 만하다. 필요에 의해 자동차를 사용해야지 품위 유지나 개인 성향 등의 이유로 고급 승용차를 소유하는 것은 비난받을 수밖에 없는 것 아니겠는가.

노자는 《도덕경》에서

'위도일손(爲道日損)'이라 하여

'날마다 비우는 것이 도'라고 했다.

비우고 버리는 것이

채우고 쌓는 것보다 더 어려운 법이라는 것을

절감케 하는 구절이다.

채움의 사회 질서에 반박하는

노자의 버림의 미학은

불교의 정신과도 닮아 있다.

오늘은
내 걸망부터
풀어봐야겠다.

스님들의
산행 복장,
어떻게 하면 좋을까

선원이나 강원처럼 대중스님들이 한 곳에 모여 사는 곳에 가면 가장 먼저 눈에 띄는 것이 댓돌 위의 신발이다. 깨끗하게 닦인 하얀 댓돌 위에 가지런히 고무신이 놓여 있다거나 겨울철 시골 할아버지들이나 신음직한 검은색 털신이 줄지어 늘어서 있는 모습은 보기만 해도 그 정갈한 질서에 아름다움을 느끼게 된다.

어떤 분은 고무신을 보면 출가자에 대한 존경심이 우러나고 감동을 받게 된다고 말하기도 한다. 그런 얘길 듣다 보면 스님들의 겉모습이 일반인들에게 얼마나 큰 영향을 주고 있는지 짐작하고도 남음이 있다. 그런데 언제부터인지 댓돌 위에서 고무신과 털신이 사라졌다. 대신 큼직한 등산화가 들쑥날쑥 저마다의 디자인을 자랑하며 함대처럼 그 자리를 점령하고 있다. 특히 산행이 쉬운 선원의 댓돌 위에는 더 좋은 등산화에 대한 스님들의 소유욕이 여실히 드러난다. 그야말로 유명 브랜드 등산화는 거기 다 모여 있다.

물론 모든 선원이 다 그렇다는 것은 결코 아니다. 하지만 눈에 띄게 좋은 등산화가 많아진 것은 사실이다. 평소 전문 산악인 못지않게 산을 즐기는 스님들에게 있어 산행 장비를 잘 갖추고 싶은 것은 생활의 일부분을 정비하는 것처럼 사소하게 느껴질 수도 있겠으나, 이 부분은 조금 더 숙고해 봐야 할 일이 아닐까 싶다.

2010년 전국선원수좌회에서 간행한 《대한불교조계종 선원청규》에는 원만한 수행을 위하여 산행이나 운동을 할 것을 장려하고 그것들이 단순한 체력단련에 그치는 것이 아니라 수행 그 자체가 될 수 있도록 노력해야 한다며 다음과 같은 내용을 '산행 및 체력단련 수칙'으로 정하고 있다. 산행 시 복장을 여법하게 갖추어 위의에 손상을 입게 해서는 안 된다, 평일 방선 후 산행은 포행 수준에 그치며 원행을 해서는 안 된다, 신발과 산행 용품은 산행에 편리한 것으로 하되 지나치게 값비싼 것을 사용해서는 안 된다 등…. 모두 여덟 가지 산행수칙이 현대판 조계종 선원청규로 정해져 있다. 잘 지켜지고 있는지는 모르겠으나 선원의 장로스님들이 독려하고

얻다

있는 것만은 분명하다.

　율장의 신발 규정에 의하면, 가죽신이나 나막신을 신은 자에게
는 설법을 못하게 되어 있고 그들은 탑 안에도 들어갈 수 없으며
탑을 돌지도 못하게 되어 있다. 자신의 지위나 명예를 비우고 겸손
함을 강조하기 위해서 그러지 않았을까 싶지만 한편 지금의 입장
에서 생각하면 불합리하다는 느낌이 들기도 한다. 요즘 절에 오시
는 분들 중에 가죽신을 신지 않은 분이 없거니와 스님들 중에서도
가죽신 신은 모습을 낯설지 않게 쉽게 찾아볼 수 있기 때문이다.
다만 동물보호 차원에서 생각한다면 안 신는 것이 옳은 건 확실히
인정한다.

　《마하승기율》 제31권에 의하면 가죽신과 나막신에 대한 규정
이 나온다. 부처님 제자 가운데 난타(難陀)와 우바난타(優波難陀)가
황금가죽신(일부분이 금으로 된 가죽신)을 신고 다니다가 세간의 비난을
사게 되자 부처님께서 "오늘부터 황금가죽신 신는 것을 허락하지
아니 한다"라고 했다. 말썽꾸러기 육군비구들은 색색의 가죽신을
신어 비난을 받았으며, 너무 낡고 천해 보이는 한 겹의 가죽신을 신
은 스님 또한 세간의 존경을 받는 스님이 천해 보인다며 비난을 받
게 되었다. 그리하여 중도를 지향하는 우리의 부처님은 너무 화려
한 것도 너무 낡아 천해 보이는 한 겹의 가죽신도 금지했다고 하는

내용이다.

'나막신의 금지'에 대해서는 또 다음과 같은 이야기가 있다. 부처님께서 아사세(阿闍世) 왕을 위해 밤이 새도록 《사문과경(沙門果經)》을 설할 때였다. 우바난타가 피로가 심하여 자기 방에서 잠시 쉬다가 나왔는데 그때 칙칙거리며 나막신 끄는 소리가 심하게 들려 코끼리와 말이 자다 깨서 놀라 크게 울어 버렸다고 한다. 이에 아사세 왕은 두려운 생각이 들어 궁으로 돌아가 버리고, 그로 인해 부처님께서는 시끄러운 소리가 나는 나막신 신는 것을 금했다고 한다. 좌선하던 비구가 나막신 끄는 소리를 듣고 정(定)에 머물지 못하였기에 금지되었다는 기록도 있다. 여기에서 부처님은 어떤 상황일 때 계율을 제정하셨는지 알 수 있다. 첫째는 '세상 사람들의 요구'에 의할 때이고 둘째는 '수행에 방해'가 될 때였다.

어느새 녹음이 짙어지고 산행하기 딱 좋은 계절이다. 나 자신을 비롯하여 산에 살지 않아도 누구나 다 산인(山人)임을 자처하는 스님들이니 봄 산철을 그냥 넘기고 안거에 들어갈 리 만무하다. 스님들의 산행 복장, 어떻게 하면 좋을까?

삼의(三衣)와 소비욕구

오늘은
내 걸망부터
풀어봐야겠다

최근에 우스운 이야기를 들으며 고개를 끄덕인 적이 있다. 도박장인 카지노에는 시계와 창문과 거울이 없고, 백화점에는 시계와 창문은 없고 거울은 있다는 거다. 그 이유는 카지노에선 시간 가는 줄 모르고 도박에 빠지라고 시계가 없고, 날 새는 줄 모르라고 창문이 없으며, 초췌해진 자기 모습을 보지 못하게 하려고 거울이 없단다. 백화점에는 시간 가는 줄 모르고 쇼핑하라고 시계가 없으며, 밖도 보지 말고 앞에 있는 상품만 보라고 창문이 없단다. 다만 거울이 있는 것은 초라한 자기 모습을 계속 확인해서 물건을 구매하도록 만들고자 함이라 한다. 백화점에서 엘리베이터를 찾기가 어려운 것도 같은 이유로, 에스컬레이터를 타고 층층이 돌아다니면서 충동구매를 하도록 자극하기 위해서라고 한다.

그래서일까? 우리나라 백화점의 명품 매장은 경제 불황과는 거리가 멀다고 한다. 제아무리 절제를 외치며 명품에 대한 소비 풍조를 비판한다 해도 공허한 메아리가 되어 돌아오곤 한다. 그러나 이것이 비단 일반 사회만의 문제는 아니다. 승가도 비추어볼 일이 많다. 율장의 기록을 살펴보면, 딱히 경제활동과 연관 지을 만한 것은 별로 없으나 의류에 관한 규범에서만큼은 스님들의 소유욕을 강하게 느낄 수 있다.

《십송률》 제5권에는 말썽쟁이 육군비구(부처님 당시에 나쁜 짓을 많이 하던 여섯 비구) 이야기가 나오는데, 의복을 많이 쌓아 두고서 마을에 들어갈 때마다 다른 옷을 입고, 마을을 나와서도 다른 옷을 입으며, 음식을 먹을 때와 음식을 먹고 나서 입는 옷이 다르고, 화장실에 볼일 보러 갈 때와 화장실을 나와서 입는 옷이 다르고, 욕실에 들어갈 때와 나와서 입는 옷이 다르며, 그러고도 여분의 옷을 너무 많이 쌓아 둔 나머지 썩고 벌레 먹어 사용하지 못할 지경이 되어 꾸지람을 듣는 장면이 있다.

당시에는 육군비구뿐만 아니라 옷이나 물건을 편법으로 모아 두는 스님들이 제법 있었던 것 같다. 승가의 기본원칙이라고 하는 분소의(糞掃衣)는 어디까지나 초창기 유행 시절에 겪었을 최저 생활의 기본원칙일 뿐 승가를 후원하는 든든한 신도가 생긴 뒤로는 스님들도 거사의(居士衣)라고 하는 일반인이 사용하는 새 옷감으로 법의를 만들어 입는 것이 허용되었으며, 이후 분소의보다는 거사의가 일반화되었다.

한편 《마하승기율》 제8권에서는 여러 마을을 다니면서 옷과 물건을 잔뜩 얻어 수레에 가득 싣고 돌아온 비구들을 보며 '내 제자들이 저렇게 많은 옷과 물건을 구하고 있구나'라고 걱정하시는 부처님의 모습을 볼 수 있다. 그러다가 춥고 눈비 오는 어느 겨울, 부처님은 초저녁에 옷 한 벌을 입고 삼매에 드셨다가 밤이 깊어지면서 추위를 느껴 옷 한 벌을 더 입으셨으며, 시간이 지나 더 추워지자 옷 한 벌을 더 입으시고는 '제자들도 옷 세 벌만 있으면 충분히 큰 추위를 막을 수 있겠구나'라고 생각하셨다.

그리하여 제자들에게 이르기를 "오늘부터 비구들에게 옷 세 벌만을 장만할 것을 허락한다. 만약 새 천을 얻으면 두 겹으로 승가리(僧伽梨)를 만들고, 한 겹은 울다라승(鬱多羅僧)을 만들며, 다른 한 겹은 안타회(安陀會)를 만들라. 그래도 추위를 견디지 못하는 이가 있으면 헌 옷을 껴입는 것은 허락하니, 마음대로 겹쳐 입어도 좋다"라고 하셨다.

이로 인해 삼의(三衣)에 관한 규정이 생기게 되었다. 여기에서 말하는 안타회는 속에 입는 옷으로 실내에서 생활할 때 주로 착용하며, 울다라승은 겉옷으로 포살 등의 법회에 참석할 때 안타회 위에 입는 옷을 말하고, 승가리는 대의(大衣)로 주로 외출할 때 입는 옷을 말한다.

이렇듯 스님들의 의생활 원칙은 삼의에서 비롯되었다. 하지만 지금은 그렇지 않다. 2600년 전 인도의 승가 환경에서는 세 벌의 옷을 기본으로 하여 생활이 가능했을지 모르지만, 시대와 환경이 전혀 다른 현대 한국불교에서 삼의를 적용하고 강조하는 것은 적절치 않다.

다만 안타깝게도 시대나 환경을 탓하기에 앞서 솔직히 반성할게 너무 많다는 것을 인정하지 않을 수 없다. 주위를 둘러보면 차고 넘치는 게 물건이다. 노자는 《도덕경》에서 '위도일손(爲道日損)'이라 하여 '날마다 비우는 것이 도'라고 했다. 비우고 버리는 것이 채우고 쌓는 것보다 더 어려운 법이라는 것을 절감케 하는 구절이다. 채움의 사회 질서에 반박하는 노자의 버림의 미학은 불교의 정신과도 닮아 있다. 오늘은 내 걸망부터 풀어봐야겠다.

그것은
죄가 되지
않는다

노란색깔 콩은 꽃도 노란색일 것 같고 자주색깔 팥은 꽃도 자주색일 것 같은 생각이 들지만 사실 알고 보면 콩꽃 중에는 자주색이 많고 팥꽃은 대부분이 노란색이다. 열매와 꽃이 같은 색깔일 것이라는 추측이 이러한 오해를 낳는 것이다. 그런데 우리는 자연에 대해서만 그렇게 생각하는 것이 아니라 사람에 대해서도 그렇게 생각할 때가 많다. 그래서 저 사람만큼은 속과 겉이 같았으면 하고 바라고, 어떤 직위를 맡기 전과 맡은 후에 그 사람의 처신이나 인격에 변함이 없기를 기대한다.

일반적으로 생각하는 승가의 율도 이와 크게 다르지 않다. 승가의 율은 언제나 엄격하고 철두철미하게 지켜져야 하는 것이며, 부처님 당시에는 아마도 더 철저히 지켜졌을 것으로 추측하기 마련이다. 물론 그러한 추측이 틀린 것은 아니지만 자세히 알고 보면 부처님 당시에도 승가에 무수히 많은 예외조항들이 적용되고 있었고 그것을 통해 승가는 꽉 막힌 숨통을 틔울 수 있었다.

이는 부처님께서 생존해 계실 때부터 이미 허용된 규정으로 승가가 여러 사회의 변화에 적응해 가기 위해 적용된 일종의 편법이었다. 이를 가리켜 율장에서는 '정법(淨法)'이라고 부른다. 맑을 정(淨)을 가리키는 정법의 원어[kappa]에는 원래 여러 가지 의미가 내포되어 있으나 율과 관련된 용어로 쓰일 경우에는 '적절하다' '타당하다' '상응하다' 등으로 해석한다.

따라서 '정법'이란 단어가 율에 적용될 때에는 '그것이 죄가 되지 않는다' '율에 저촉되지 않는다'라는 의미를 담게 되는 것이다. 말하자면 지키기 곤란한 율장의 조문을 개정하지 않고 그대로 둔 채 약간의 편법을 이용하여 스님들이 죄책감을 갖지 않고 합법적으로 행동할 수 있도록 하는 제도가 바로 '정법'이다.

알려진 대로 율 속에는 너무 엄해서 현실적으로 도저히 지켜 내기 어려운 조항들이 있다. 대표적인 것으로 돈을 만지거나 돈으로 물건을 사는 것이 스님들에게는 금지되어 있다. 하지만 화폐 경제가 발달하면서 돈을 사용하지 않을 수 없게 되었고, 보시를 하는 재가자들도 물건으로 공양을 올리는 것보다는 돈으로 보시하는 편이 훨씬 더 편리해졌다.

그러다 보니 스님들에게 물건 대신 돈으로 보시를 하게 되었는데 초창기 스님들은 율에 어긋난다는 이유로 보시를 거절하곤 했다. 그러다 화폐 유통이 확대되면서 돈으로 보시하고자 하는 사람들이 더 많이 생겼고 승가 또한 돈을 만지지 않고 그것을 받는 방법을 고안해 내지 않을 수 없었던 것이다.

승가가 생각해 낸 대안은 이러하다. 누군가가 돈을 보시하면 그것을 스님들이 직접 받는 것이 아니라 승가의 일을 돌봐 주는 특정 재가신도[淨人]나 믿을 만한 이에게 맡겨 놓는 방법이다. 스님이 돈을 사용할 일이 있을 때에는 돈을 맡고 있는 신도에게 가서 "~을 알라"라고 말한다. 그러면 신도는 '아, 스님이 지금 무엇이 필요하구나'라고 알아서 맡아 두었던 돈으로 물건을 사서 스님에게 가져다주는 것이다.

이렇게 하면 돈을 만지지 않고도 스님은 무리 없이 물건을 구해쓸 수 있다. 하지만 당시에도 이것을 악용한 재가자들이 있었으니 믿을 만한 신도를 구하는 것 또한 쉽지는 않았던 것 같다. 이처럼 원래는 율에 저촉되는 행위임에도 불구하고 어쩔 수 없는 상황에서 다른 방법을 이용하여 그에 대한 처벌을 무효화하고자 한 것이 '정법'이다.

자신이 직접 소유하지 않고 다른 이를 통해 금지된 물건을 소유하는 행위를 어떻게 해석해야 할지에 대해서는 지금도 명백한 답을 얻기 어렵다. 다만 율장의 조문이 유동적인 것이었다면 언제든 개정을 통해 변경 가능했겠지만 율 조문은 지난 2600년 동안 승가 안에서 고정불변의 원칙이 되어 수계를 통해 고스란히 전승되어 왔다. 이런 상황에서 승가가 제한적으로나마 '정법'을 승인하게 된 것은 어쩌면 당연하고도 필연적인 선택이었을지 모른다.

율장은 지금 보아도 훌륭한 법 체계를 갖추고 있다. 그렇다고 해서 그것이 현대불교에 그대로 통용되는 것은 아니다. 그러므로 '정법'을 확대해 가며 본래 율이 가지고 있던 엄격한 규정을 완화해 갈 것인지, 아니면 율장의 본질에 맞게 이 시대에 필요한 규정을 정비해 갈 것인지, 지금이야말로 결단하고 추진할 때가 된 것이 아닐까 싶다.

정인淨人

이 시대
한국불교의
목소리

삶의 태도나 사유방식, 성장 과정이 전혀 다른 사람들이 출가하여 부처님의 가르침을 삶의 지표로 삼아 대중생활을 해 나가는 곳, 그곳이 바로 승가다. 그러므로 승가는 여러 가지 지켜야 할 규범과 구성원 간의 상호 배려가 중시된다. 개인적인 공간이나 사적인 일에 대해서는 스님 개인이 책임지고 해내면 되지만, 대중생활에 해당되는 공공의 일에 대해서는 구성원이 서로 의논하여 일을 나누어 책임지고 처리하도록 하는 시스템을 갖추고 있다. 모두가 승가공동체의 원만한 운영을 위함이다.

그런데 승가에는 스님들 외에도 승가 운영을 돕는 이들이 있다.

그들을 가리켜 '정인(淨人)'이라고 부른다. 대개 사찰에 일손이 부족하거나 스님들이 일일이 나서기 곤란한 일들이 있을 때 도와주는 이들이다. 가깝게는 우리에게 친숙한 공양주 보살님이나 부역을 맡는 거사님들이 있다. 또 인도 당시에는 출가자의 화폐 수납이 금지되어 있어 정법(淨法)에 따라 스님들을 대신해 그것을 받아 관리하곤 했다. 심지어는 돈을 내다 버리는 일까지도 정인의 일이었다.

그들은 출가자는 아니었지만 재가불자로서 승가에 머물며 절일을 돕고 살았던 것이다. 하지만 정인이 필요하다고 해서 모든 승가에 그들이 존재했던 것은 아니다. 따라서 절 일을 돕는 정인이 없을 때에는 도량 정비와 청소, 물품 수리 및 정돈, 마실 물 준비와 그 청결 유지부터 불법으로 수수된 금품 처리에 이르기까지 뭐든 스님들이 직접 나서서 해야 했다.

반면 정인이 있다면 사찰의 많은 일들이 그들에게 분담되고 스님들은 수행에만 전념하면 되었으니, 누가 보아도 정인이 있는 편이 스님들에게 훨씬 더 편하고 고마운 일임에는 틀림없다. 율장에 의하면, 부처님이 생존해 계실 때 마가다국의 빔비사라 왕이 훌륭한 한 비구를 위하여 500명의 정인을 승가에 기부한 것이 이 제도의 시작이 되었다. 지금 생각하면 사람을 기부했다고 하는 것이 거북하게 느껴지지만 당시 왕 밑에서 일하던 사람을 왕 자신이 존경하는 스님을 위해 파견했다고 하는 의미로 이해하는 것이 좋겠다. 그럼 그 많은 사람들이 다 승가에서 살았을까?

아니다. 그들은 일반인들처럼 승가 주위에 마을을 이루고 살면서 승가에 일이 있을 때마다 도우미 역할을 하며 스님들의 생활을 보조했다. 어쩌면 왕 밑에서 살아가는 것보다 더 자유롭고 편안했을지도 모른다. 이렇듯 옛날에는 정인을 기부의 일환으로 받아들이기도 했는데 당시에도 그것이 일반적인 형태는 아니었다.

자발적으로 정인이 되기를 원했던 사람도 있었고 또는 어려운 이들을 승가가 받아들였을 가능성도 있다. 다만 그 어떤 경우라도 승가를 지탱하는 출·재가 모두의 승인 없이 승가가 마음대로 정인을 고용하지는 못했다. 제아무리 절 일을 돕는 정인이라 해도 그들에게는 절 일이 자신들의 생계를 유지하는 수단이므로 승가는 그들에게 합당한 보수를 지급해야 했다. 그런데 그 보수라는 것이 아주 작은 대가라 할지라도 모든 것이 다 재가신도로부터 나오기 때문에 승가와 재가 모두의 승인에 의해서만 정인을 들일 수 있었던 것이다. 요즘 눈으로 보면 공양주나 부목 거사님 외에 종무소에서 일하는 종무원들이 이러한 '정인'에 속한다.

현대에도 행정 및 운영에 관한 다양한 지식과 역할이 사찰에 요구되면서 스님들의 중요성 못지않게 정인의 역할이 부각되고 있다. 그럼에도 불구하고 사찰 행정에 적합한 정인을 찾는 것이 쉽지 않다. 아니, 그간 승가가 그런 정인의 역할을 대수롭지 않게 여기며 그들을 대해 왔다고 해야 더 맞겠다. 승가의 일에는 스님들이 더 잘하고 충실할 역할이 있고 재가자나 정인이 더 잘하고 충실할 역할이 있다. 각자 내 옷에 어울리지 않는 역할이라면 이제 그만 내려 놓아야 한다.

그런 의미에서 현대판 정인 양성 제도인 전문 종무원 양성 계획도 진작 시행했더라면 더 좋았을 것이다. 정인의 올바른 역할은 이미 이 시대 한국불교의 요구사항이 되었으니 말이다. 부디 그들의 존재가 균형 잡힌 한국불교 교단을 만드는 데 일조하기를 기대해 본다.

부처님이 확인한
일곱 가지란
　　　　이러하다.

자주 회의를 열고 그 회의에는 많은 사람들이 모이는가,

함께 모여 일하고 함께 행동하며 해야 할 일을 하는가,

아직 정해지지 않은 것을 정하지 않고

이미 정한 것은 깨뜨리지 않으며

옛날에 정해진 오래된 법에 따라 행동하는가,

노인들을 존경하고 환대하며

그들이 말하는 것을 들어야 한다고 생각하는가,

부인이나 여자아이를 폭력으로 끌어내거나 구속하는 일은 없는가,

조상의 사당을 존중하고 공경하고 공양하며

이전에 바친 올바른 공양물을 버리지는 않는가,

참수행자를 바르게 보호하고 수호하여 기쁘게 맞이하는가.

승가의 자산은
누구의
소유인가

빔비사라 왕이 시주한 죽림정사! 암바빨리가 시주한 원림! 수닷따 장자가 시주한 기원정사! 이 모두는 부처님 당시에 승가를 위해 기부된 사원과 부동산이다. 이러한 후원은 초기교단 발전에 크게 기여했다. 승가는 청빈한 생활을 미덕으로 삼지만 알고 보면 초창기부터 많은 토지와 건물을 시주받아 넉넉하게 생활하고 있었던 것으로 보인다.

물론 이러한 재산들은 출가자 개인의 소유가 아니며 승단의 공동재산이다. 따라서 공동으로 사용하고 관리할 뿐이며 출가자 개인은 무소유 정신으로 청빈하게 살아갔다. 평소 두타행을 한다거나 가뭄이 들고 척박한 지역에 머물고 있던 출가자들은 생활이 비교적 어려웠을 것이다. 지금도 그렇지만 여유로운 이들은 유독 현상적으로 돌출되어 보이는 몇 사람이고, 나머지 다수의 출가자들은 생활고를 겪고 있어 양자 사이에 빈부의 차별상을 보이는 것이 사실이다.

그런데 이런 건물이나 토지 등의 시주물은 대개가 사방승가(四方僧伽)의 소유물이다. 사방승가란 현재 눈앞에 보이는 경계에 따라 정해진 승가 영역인 현전승가(現前僧伽)와 대비되는 개념으로, 나라 전체의 모든 승가를 통틀어서 하나의 승가로 보는 관념적 의미를 갖는다. 따라서 사방승가는 실제로 어떤 행동을 취하는 승가는 아니지만 불교에 몸담고 있는 이라면 누구나 항상 염두에 두고 생활해야 할 진정한 소속체이다.

공양물이나 큰 시주물이 들어오면 승가는 사방승가의 소유물(사방승물)과 현전승가의 소유물(현전승물)로 분류하고, 개인적으로 분배해야 할 것과 분배해서는 안 될 것을 구분한다. 음식이나 의류 등 개인에게 시주하거나 단기간에 소멸될 가능성이 높은 것은 현전승물인 경우가 많다. 반면 토지나 건물, 방사나 의자처럼 오랫동안 사용할 수 있는 것이나 승가 내부에서 공동으로 사용하도록 하는 물건은 모두 사방승물이 된다.

즉 승가에 보시한 것의 소유권은 승가에 귀속되고 출가자에게 개별적으로 보시한 것은 개인에게 돌아간다고 하는 원칙이다. 그래서 시주한 승물의 성격에 따라 어떻게 사용해야 하는지 사용하는 이의 의지나 노력 또한 달라진다.

《마하승기율》에는 비구들이 의자와 침구류를 팔아서 사적으로 수용하는 것을 금지하는 내용이 나온다. 사방승가에 시주한 물건을 마음대로 나눠 가져서는 안 되며 사사로운 청에 의해 얻게 된 물건에 한해서만 개인적으로 소유할 수 있다는 내용을 담고 있다. 여기에서 말하는 의자나 침구류는 사방승물에 해당하는 것이므로 이 얘기는 곧 사방승물을 비구 마음대로 매매한다거나 사적으로 소유해서는 안 된다는 규정이다.

그럼 현실로 돌아와서 지금의 눈으로 찾아볼 수 있는 한국불교의 사방승물에는 어떤 것들이 있을까? 한국불교는 전국의 수많은 사찰들과 그에 딸린 산림과 농지 등 토지를 보유하고 있다. 또 사찰 내에 봉안한 불보살의 성상과 탱화 등의 성보가 있다. 이와 같은 사찰, 토지, 성보 및 비품까지가 모두 사방승물에 해당된다.

그런데 사찰이 사방승물이라는 것을 망각하고 마치 자신의 개인 소유물인 양 착각하며 살아가는 스님들이 더러 있는 것 같다.

심지어는 현전승물로서의 인식조차 없어 보일 때도 있다. 사방승물은 미래의 불교도들에게 전해야 할 승가의 공공자산이다. 그러니까 개인의 의지에 따라 마음대로 처분한다는 것은 있을 수도 없고 있어서도 안 될 일이다. 사방승물은 사방승가에 해당하는 한국불교 전체 승가의 소유물로서 종헌종법에 의해 철저히 관리되어야 한다.

문제는 잘못된 인식을 가진 이들에게만 있다고 볼 수 없다. 천년 넘게 이어온 고유의 불교문화유산을 재산 관리인 마음대로 좌지우지할 수 있게 되어 있는 제도에도 큰 결함이 있어 보인다. 따라서 이러한 잘못된 제도에 대한 인식과 개선이 무엇보다 필요하다. 지난해 경상도 지역의 대형 사찰에서 발생한 주지의 사찰토지 무단 매각과 개인횡령 사건은 그 사태의 심각성을 여실히 드러내고 있다. 사찰의 동산 및 부동산에 대한 공영관리체제 도입이 시급하다.

도둑질
하지 말라

우리가 정말
나쁜 사람이라서
문제가 생기는 것일까

'오늘날 우리에게 닥친 많은 문제들은 과연 우리가 정말 나쁜 사람이라서 생기는 것일까. 불교가 직면한 문제들은 전부 스님들의 기본 품성이 나빠서 생긴 일일까.' 어느 날 문득 떠오른 이러한 의문들은 시간이 지날수록 가슴 깊은 곳에 가시처럼 와 꽂혔다.

모든 사회문제를 개인적인 품성의 문제로만 몰아간다면 우리는 획일적인 도덕주의 외에는 도달할 곳이 없을지도 모른다. 그럼에도 불구하고 골치 아픈 문제들이 발생하고 나면 어김없이 우리는 수행론과 더불어 품성의 문제를 거론한다. 한 사람 한 사람이 고결한 인품과 선량한 마음을 갖추게 되는 속도보다 그 사람이 속한 집단의 시스템이 부패되는 속도가 훨씬 더 빠른데도 말이다. 그만 큼 사회나 승가에 있어서 시스템의 정비는 매우 중요하고도 시급 한 문제인 것만은 분명하다.

그러한 시스템 관리에 있어 가장 문제가 되는 것이 '도계(盜戒, 도 둑질 금지 조항)'이다. 승가 소유의 재산을 함부로 남용하는 것 자체 가 다 '도계'에 해당되기 때문이다. 승가 운영의 윤리적 초석이 되는 율장에는 범한 즉시 자격이 박탈되는 사바라이(四波羅夷)가 있고, 그 항목의 두 번째 조항에 '도계'가 있다. 스님들이 지켜야 할 율 규 정에는 '도둑질의 금지'가 '살생의 금지(殺戒, 세 번째 조항)'보다 앞서 있 다. 사건 발생 순서에 따라 승가의 율이 제정되었다지만 중요성의 측면에서 볼 때도 도둑질 금지 조항이 살생의 금지 조항 못지않게 강조되고 있는 것이다. 이 조항의 제정 유래는 이러하다.

율장에 의하면 부처님이 왕사성에 계실 때 다니야라는 비구가 있었다. 그는 도반스님들과 함께 이시기리산 기슭에 잡초를 모아 초가집을 짓고 그곳에서 안거에 들었다. 해제 후 다른 도반스님들 은 각자 자신이 머물던 토굴을 허물고 만행을 떠났지만 다니야는 그곳에 남았다. 그러던 어느 날 마을에 걸식을 하러 간 사이, 땔감 을 모으던 사람이 빈집인 줄 알고 집을 부수어 자재를 모두 가져 가 버렸다. 어쩔 수 없이 다니야는 다시 초가집을 지었는데 며칠 안

돼서 또다시 그런 일이 발생하였다. 이런 일이 세 번이나 반복되자 그는 진흙을 이겨 작은 흙집을 만들었다.

그런데 흙집을 짓기 위해 재료를 굽다가 미생물들을 죽게 만들었다 하여 부처님께서 비구들을 시켜 다니야의 토굴을 부수게 하였다. 초가집을 나무꾼에게 빼앗기고 흙집을 부처님에게 금지당한 다니야는 이번에는 나무로 집을 짓기로 했다. 그러나 그곳(중인도)은 토지가 건조하고 수목이 적어 목재를 구하기가 힘들었다. 생각 끝에 그는 재난에 대비하여 나라에서 성을 수리할 목적으로 목재를 보관해 둔 곳으로 가서 "왕에게 허락받았다"고 관리인에게 말하고 목재를 가져다 개인 수행처를 지었다.

이 사실을 알게 된 왕이 관리인과 다니야를 불러 죄상을 밝혔다. 다니야는 "왕께서 처음 즉위했을 때, 풀과 나무와 물은 사문과 바라문에게 주어졌으므로 사용할 수 있다고 말씀하시지 않았습니까"라고 했다. 왕은 그 사실은 인정하지만 어디까지나 주인이 없는 물건일 경우를 말한 것이라며 나라의 물건을 마음대로 가져다 쓴 다니야 비구의 죄상은 사형에 해당한다고 했다. 하지만 왕은 사문을 죽일 수는 없다며 그를 방면했다.

다니야 비구에 대해 세간의 비난이 일자 부처님은 곧바로 승가를 소집하여 다니야의 죄를 확인하고 "어떠한 비구라도 주어지지 않은 물건을 훔치려는 마음[盜心]을 품고 취했다가 왕에게 붙잡혀 (왕이)죽이거나 결박하거나 추방하면서 '그대는 적이다. 그대는 어리석은 자이다. 그대는 도둑이다'라고 했다면, 이처럼 주어지지 않은 물건을 훔친 비구는 바라이죄로서 더 이상 승가와 함께 살 수 없다"고 율로 제정하셨다.

처음부터 사찰을 어떻게 관리·운영할 것인가를 계획하고 출가하는 스님은 없다. 대개는 부처님 법에 따라 수행하고 도움이 필요한 이들을 위한 자비의 삶을 찾아 의연히 집을 떠나왔을 것이다. 그러나 이 시대의 출가자에게는 수행 못지않게 '삼보정재의 관리'도 중대한 과제가 되었다. 그리고 지금 삼보정재에 대한 관리 문제로 인해 한국불교가 심각한 곤경에 처해 있다. 해결책을 위해서는 모두가 인정할 만한 전문적인 노력이 필요하다. 삼보정재의 관리 문제는 출·재가를 막론한 한국불교 전체의 책임이니까 말이다. 문득 강한 어조의 러셀(Bertrand Russell)의 말이 떠오른다.

"종교는 과연 우리들의 문제를 해결할 수 있는가."

승가는
쇠퇴하지 않고
영원하리라

우천 조완구(1881~1954) 선생! 대한민국임시정부 요인으로 일생을 오직 민족의 독립만을 위해 살다 가신 분이다. 광복 직후 민족 분단에 대해서는 "우리가 모진 괴로움을 참으며 수십 년을 싸운 것은 나라 없는 백성이 될 수 없어서 발버둥친 것이지 우리나라를 여우의 손에서 뺏어서 이리나 늑대에게 나누어 주려고 애쓴 것은 아니지 않은가"라는 유명한 말을 남기기도 했다. 《대종교와 대한민국임시정부 조완구》(한국독립운동사연구소, 2012)를 읽다가 임종 직전에 남긴 말씀에서는 부처님의 열반 장면이라도 읽는 듯 목이 메었다.

"과거가 왜 이렇게 허무하게 생각되지? 지난 40년 동안 한 일들이 말이지. 누가 시켜서 한 일도 아니고, 또 누구의 칭찬이나 찬사를 받기 위해 한 일도 아니고, 오직 우리 자신이 자신의 결심에 따라 떨쳐 일어나서 이국만리 대륙의 도시와 촌락을 헤매고 다니며, 오직 나라의 독립과 민족의 행복을 찾겠다고 싸워온 것인데…. 그것이 오늘은 왜 이렇게 허무하게 생각되는지 모르겠네. 결실을 보지 못하고 가야 하니 그럴까. 남북으로 갈라져 서로 싸우고 있는 오늘을 보면서 과거를 생각하니 그럴까. 오늘의 이런 현실을 보며 죽자고 40여 년을 싸웠는가 생각하니 정말 허무하고 마음 아프고 서글프기만 하오. …통일 통일…, 먼저 가네. 먼저 가."

나라를 잃었을 때는 오로지 조국의 독립만이 목표였으나 남북이 갈라진 직후에는 통일만이 단 하나의 목표였다. 그러나 지금 사람들은 먹고 사는 문제에 관심이 더 많다. 설령 그렇다 해도 대한민국 국민이라면 누구나 '바른 정치, 공정 분배, 민족 통일'을 기원할 것이다. 그렇다면 출가승단은 어떠한가? 불교도라면 누구나 '부처님 법이 쇠퇴하지 않고 오래도록 번영'하기를 바랄 것이다.

《대반열반경》에 다음과 같은 이야기가 나온다. 마가다국의 아자따삿투(阿闍世) 왕이 왓지족을 정복할 요량으로 왓사까라라는 대신(大臣)을 부처님께 보내 그 의향을 여쭈었다. 그러자 부처님은 대신에게는 대답하지 않은 채 시자인 아난다를 보고 현재 왓지족 번영의 근거로서 그들이 실천하고 있는 일곱 가지 사항에 대해 묻고 확인하셨다. 그러고는 그들을 칭찬하며 출가자들도 그러한 행동을 따르면 결코 쇠퇴하지 않을 거라고 말씀하신다.

부처님이 확인한 일곱 가지란 이러하다.
- 왓지족 사람들은 자주 회의를 열고 그 회의에는 많은 사람들이 모이는가
- 함께 모여 일하고 함께 행동하며 해야 할 일을 하는가
- 아직 정해지지 않은 것을 정하지 않고, 이미 정해진 것은 깨뜨리지 않으며, 옛날에 정해진 오래된 법에 따라 행동하는가
- 노인들을 존경하고 환대하며 그들이 말하는 것을 들어야 한다고 생각하는가
- 부인이나 여자아이를 폭력으로 끌어내거나 구속하는 일은 없는가
- 조상의 사당을 존중하고 공경하고 공양하며, 이전에 바친 올바른 공양물을 버리지는 않는가
- 참수행자를 바르게 보호하고 수호하여 기쁘게 맞이하는가.

이와 같이 왓지족 사회 전체를 아우르던 규범을 토대로 승가 또한 정법을 이 땅에 오래 머물게 하기 위해 필요한 조항을 제시한다. "'출가자들은 자주자주 회의를 열고, 회의에는 항상 많은 대중이

모인다' '출가자들은 화합하여 모이고, 화합하여 행동하며, 화합하여 승가가 해야 할 일을 한다' '출가자들은 아직 정해지지 않은 것을 마음대로 정하지 않고, 이미 정해진 것은 마음대로 깨지 않으며, 정해진 계율을 잘 지키고 실천한다' '출가자들은 법랍이 높은 장로와 승가를 이끌어 가는 자를 공경하고 대접하며, 그들의 말을 경청해야 한다고 생각한다' '출가자들은 윤회를 불러일으킬 갈애에 지배되지 않는다' '출가자들은 숲 속의 주처에 머물기를 바란다' '출가자들은 각자 '아직 오지 않은 선한 도반들이 오고, 또 이미 온 선한 도반들은 쾌적하게 보낼 수 있기'를 바라는 마음을 가진다'."

이렇게 하면 승가는 결코 쇠퇴하는 일 없이 영원히 번영할 것이다. 이것이 '칠불쇠퇴법'이다.

독일의 사회학자 울리히 벡(Ulrich Beck)은 1986년 《위험사회》란 저서를 통해 서구를 중심으로 추구해 온 산업화 과정이 '위험사회'를 낳는다고 주장하고, 현대사회의 위기화 경향을 비판하는 학설을 내놓아 학계의 주목을 받았다. 그가 말하는 '위험사회'라는 개념을 굳이 빌리지 않아도 우리 사회나 종교가 위태하고 위험해 보이는 건 사실이다. 이런 때일수록 사회규범이면서 동시에 승가규범이었던 '칠불쇠퇴법의 정신'을 되새겨봐야 하는 것은 아닐까 싶다.

그것이 과연
중생을 위한
일인가

《대승계의 세계》라고 하는 책을 집필할 때의 일이다. 자나 깨나 온통 신경이 대승계에 꽂혀 있었다. 예전에는 대승계에 대해 알고 있어도 그처럼 확연하게 다가오지는 않았다. 〈대승계와 남산율종〉에 관한 학위 논문을 쓸 때도 그 정도는 아니었다. 내 불교적 정체성이 대승계의 연구를 통해 처음으로 발현되는 기묘한 순간을 나는 체험했다.

대승계에 관한 이야기를 하려면 먼저 대승불교시대로 거슬러 올라가야 한다. 대승불교가 일어날 당시 출가자들은 사람들의 존경과 신망을 얻지 못했다. 불교가 아무리 훌륭한 교리를 가지고 있다 하더라도 그것을 전달하는 이들의 모습에서 자비와 겸손, 배려와 친절을 발견할 수 없다면 사람들은 그들에게서 삶의 지혜를 얻으려 하지 않을 것이다. 설령 그들이 뼈만 앙상하게 남을 정도로 수행에 몰두하며 살아간다고 해도 상황은 마찬가지다. 주위를 돌아보지 않고 차가운 모습으로 살아갈 뿐이라면, 잠시나마 가졌던 존경심마저 순식간에 사라지고 말 것은 자명한 이치이다. 그런데 대승불교 흥기 당시 승가의 모습이 이러했다.

그래서 대승의 보살들은 세상의 모든 존재 앞에서 상냥하고 친절하게 행동하기를 서원했다. 자비로움이 가득한 따뜻하고 유익한 언어로 되도록이면 평온하게 자신의 생각을 표현하고자 했으며, 자기를 보호하기보다는 남을 먼저 생각하며 그들의 행복과 이익을 위해 적극적으로 자비를 실천하고자 했다.

그러다 보니 자연스럽게 자기 내면 깊은 곳으로 흘러들어 혼자서만 지키는 규율이 아니라, 자신이 속한 사회 속에서 내 이웃과 함께 실천할 수 있는 보편적 윤리를 중시하게 되었다. 다시 말해서 불교와 인류의 역사 위에서 모두를 위한 자비의 윤리가 필요하게 된 것이다. 바로 이때 등장한 것이 '대승보살계(大乘菩薩戒)', 즉 대승보살들이 지녀야 할 계율이다.

대승보살계는 성립 과정에서 율의계(律儀戒), 섭선법계(攝善法戒), 요익중생계(饒益衆生戒)의 삼취정계(三聚淨戒)로 정리되어 자비사상에 입각한 이타적 생명관을 전개했다.

먼저 종교를 믿는 사람이라면 누구나 가지고 있는 도덕의 개념과 성스러운 영역으로 분류되던 승가의 규율을 조화롭게 적용시켜서 율의계의 개념을 정립시켰다. 여기에는 불교 교단의 전 구성원이 지켜야 할 계와 율이 모두 포함된다.

한편 섭선법계는 몸과 입과 뜻으로 쌓아가는 모든 선을 말한다. 이는 인간을 고통으로 몰아가는 탐냄과 성냄과 어리석음에서 벗어나기 위한 행위 전체를 가리키는 것으로, 자신의 욕망을 내려놓기 위해 절을 하고, 어리석음을 일깨우기 위해 법회에 참석하여 법문을 듣고, 참회를 위해 포살을 하고, 깨어 있는 상태를 유지하기 위해 경을 독송하고 명상을 하는 등 자신의 선업(善業)을 위해 행하는 모든 종교적 행위들을 말한다.

이러한 섭선법계의 등장은 계율을 단순한 규칙 체계라고 생각하는 우리의 인식을 바꿔 주었다. 또한 자신의 선업을 위해 노력하는 태도는 출가율과 대승계 사이의 충돌을 해결하는 특별한 대안이 되었다. 앞의 율의계가 엄격한 고결함을 추구했다면 섭선법계는 누구라도 보편적 법칙에 근거해서 자발적으로 노력하라고 말하고 있다.

마지막 요익중생계는 대승계는 물론 대승불교의 핵심사상이다. 모두를 이롭게 한다는 순수한 목적 아래 제시된 요익중생계는, 내가 갖게 될 이익이 다른 사람의 이익보다 더 중요하다고 생각하는 우리의 자연스러운 판단을 완전히 부정한다. 내 이익이 남의 이익보다 우선시되어서는 안 된다는 윤리적 결정을 확실하게 내리고 있다.

대승계에서는 모든 행위의 가치판단을 '그것이 과연 중생을 위한 일인가'에 둔다. 모든 판단을 남을 돕는 행위를 기준으로 한다는 말이다. 그래서 대승보살의 계는 출가를 하고 안 하고를 문제 삼지 않는다. 대승보살의 삶은 시간과 역사를 포기하지 않고 있는 그대로의 삶을 긍정하면서 바로 그 자리에서 실천하는 것에 더 큰 의의를 두기 때문이다. 그러므로 이렇게 깊은 대승계의 정신이 더 이상 낡은 이상으로서가 아니라 우리 삶의 현장에서 생생하게 체화될 수 있는 현대 윤리로 거듭나기를 기대한다.

다시 버리다

길은 이미 일러 주었으니
그것에 의지해 스스로 나아가라.

      스스로 수행하여
나아가리라.

마나타와
왕따

우선은
즐겁고 유쾌한
말 한마디를!

아이들이 죽어가고 있다. 쌍용자동차 해고노동자의 22번째 사망소식을 접한 뒤 며칠이 지났을까. 어느 중학생의 투신 소식은 학교폭력의 심각성을 그대로 드러낸 충격적인 사건이었다. 카이스트 대학생의 죽음, 안동 여중생의 죽음을 접한 지 그리 오랜 시간이 지난 것도 아닌데 학생들의 잇단 자살은 그저 한순간의 울부짖음으로 끝나는 듯 별다른 변화의 조짐조차 보이질 않으니 큰일이다.

아이들은 자기 자신의 어두운 실상을 차마 밝히지 못하고 유서를 썼다. 그야말로 죽을 각오로 벼랑 끝에서 쓴 것이다. '왕따' 곧 '집단따돌림' 때문이었다. 일반적으로 '학교에서 다수의 학생들이 특정 학생을 대상으로 2주 이상의 기간에 걸쳐 심리·언어적 폭력, 금품갈취 및 괴롭힘과 신체에 위해를 가하는 행위'를 왕따라고 규정한다.

사회적 동물인 인간에게 있어 관계의 중요성은 강조하지 않아도 충분할 정도로 널리 인식되어 있다. 그런 인간관계를 유지하기 위해서는 서로 대화하고 상호 협력하는 것이 기본이 된다. 그런데 그렇게 중요한 연결고리를 일방적으로 단절시킨다면 어떻게 되겠는가. 어쩌면 그것은 인간사회에 있어 가장 가혹한 벌을 주는 것일지도 모른다. 그렇기에 한 사람을 철저히 고립시키고 왕따로 만드는 일이 일반 사회에서 일어나게 되면 큰 고통과 상처를 남기고 급기야 죽음으로까지 몰아가는 현상을 야기하게 되는 것이다.

승가에도 왕따와 유사한 형태가 나타난다. 승가에서는 '음·도·살·망'의 네 가지 '바라이(波羅夷)'에 대한 죄가 가장 무거운데, 이를 어기면 곧바로 추방되어 다시는 스님이 될 수 없다. 그러니까 다른 측면에서 보면 더 이상 승가생활을 하지 않기 때문에 스님들 사이에서 왕따가 되지는 않는다. 그러나 바라이 다음으로 무거운 승잔(僧殘)죄는 경우가 다르다. 승가 구성원으로서 짓는 죄 가운데 가장 무거운 것이 승잔죄이기 때문이다.

여기에는 음욕을 행하거나 승가화합을 깨는 것과 관련된 비구 열세 가지, 비구니 열일곱 가지 규범이 들어 있는데, 이를 범했을 때 승가 대중은 죄 지은 스님이 반성하는 동안 묵빈대처로 일관하는 것이다. 이처럼 징벌로 인해 왕따를 당한 것처럼 생활하는 스님의 근신생활 기간을 승가에서는 '마나타(摩那埵)'라고 부른다.

마나타는 6일 동안 근신하는 것으로 승잔죄를 저지른 스님이라 면 누구나 받아야 하는데, 만약 자신의 잘못을 알고도 숨겼다면 숨긴 날짜만큼 따로 생활하는 '별주(別住)'까지 해야 한다. 죄를 숨 기지 않고 곧바로 참회하면 '마나타'만 하면 된다. 죄 지은 스님이 어떻게 생활하는지에 대해서는 남전대장경《율장》4권에 자세히 나온다.

우선 죄를 지어 징계를 받은 스님은 더 이상 다른 사람에게 구족 계를 줄 수 없고, 다른 사람의 의지(依止)아사리도 될 수 없으며, 사 미를 둘 수도 없고, 비구니를 교계할 수도 없다. 즉 비구로서의 모 든 권한과 의무가 다 제한된다. 또한 승가 행사에 대해서나 다른 비구에 대해서 발언권이 제한되는데, 특히 '마나타와 별주' 기간에 는 승가 내 그 누구와도 대화를 나눌 수 없다.

자신의 발언권만 제한되는 것이 아니라 승가 내 다른 어떤 스님들도 죄 지은 스님에게 말을 걸지 않는다. 게다가 법랍이나 지위에 상관없이 최하위 신분으로 생활해야 한다. 일체 법랍을 박탈당하므로 서열이 꼴찌가 되는 것이다. 죄를 짓기 전에 누렸던 법랍에 따른 지위를 모두 내려놓고 이제 갓 출가한 스님처럼 오로지 하심하며 조심스럽게 살아가야 하는 것이다.

이렇게 오늘날 권위적이고 폐쇄적인 분위기에서 발생한 가혹한 왕따 문화가 초기 승단에서는 옳고 그름을 명확하게 확립한 승가의 징벌체계에 따라 중대한 율을 위반한 스님에게 부과되는 징벌의 한 형태로 나타났다. 당시 스님들은 일정 기간 '승가 내 관계 단절'이라는 징벌을 통해 자신의 수행을 더욱 더 채찍질하도록 했던 것이다.

그러나 학교나 직장 등 사회 곳곳에서 일어나는 우리 시대의 왕따는 잘못된 집단문화에서 비롯된 것이다. 거기에는 무한경쟁만을 조장하는 시스템의 문제, 인성교육이나 품성의 문제가 포함되어 있다. 하지만 그런 사실을 잘 안다고 해도 단번에 모든 것을 바로잡긴 힘들다.

다만 그렇다 하더라도 결코 잊지 말아야 할 확고한 목표는 '우리 사회에서 왕따 문화와 학교폭력은 반드시 근절되어야 한다'는 것이다. 그러기 위해서는 '자비의 실천'까지는 아니더라도 당장 내 주위를 상대로 막혀 있던 말문부터 틔워 볼 일이다. 우선은 즐겁고 유쾌한 말 한마디를!

술과
중독

잦은 술자리로
온 나라 온 도시가
휘청거린다

눈길에 택시를 기다리는데, 손님을 태운 차가 용케도 바로 앞에
와 선다. 종종 승차 거부를 당한 경험이 있기에 이렇게 추운 날 이
게 웬 횡재냐 싶었다. 너무 추워서 차에서 사람들이 내리는 데도 한
참이 걸린 듯 느껴졌다. 실제로도 실랑이를 해 가며 한참 만에 내
린 두 사람은 몸을 못 가누고 비틀거렸다. 차에 오르자마자 기사
님이 혀를 끌끌 하며 한마디한다. "젊은 사람들이 웬 대낮부터 저
렇게 술타령이야! 나라가 어찌되려는지, 원. 큰일이다 큰일! 안 그
렇습니까, 스님?"

연말연시를 맞아 각종 모임이나 회식 등 잦은 술자리로 온 나라

온 도시가 휘청거린다. 사는 게 힘들어서 마시고, 즐거워서 마시고, 가는 해가 아쉬워서 마시고, 어쩌다 사람들과 어울리다 보니 마신다. 술 마시는 이유야 수없이 많이 댈 수 있을 것이다. 게다가 요즘엔 애어른 할 것 없다.

옛날엔 이백이나 두보처럼 자연의 정취를 느끼며 시(詩)를 읊는 이들이 있었기에 술을 좋아하는 사람이라고 하면 왠지 인생이 뭔지 알고, 산수자연에 흠뻑 빠질 줄 아는 사람이라 여길 정도로 운치가 있었다. 하지만 오늘날의 음주문화는 이른 아침 출근길에 발견한 길모퉁이의 토사물처럼 사람들의 얼굴을 찌푸리게 만든다. 주위에 불쾌감을 남기는 경우가 적지 않은 게 사실이다.

불교에서는 재가불자의 5계와 8재계, 승가의 사미10계와 율장, 그리고 각종 대승계에서 모두 음주 및 술의 판매를 금지하고 있다. 율장에 의하면, 사가타(莎伽陀) 비구가 악룡을 항복시켜 그로 인해 사람들에게서 술 공양을 받았는데, 너무 많이 마셔 취한 나머지 부처님 앞에서 추태를 부리는 바람에 음주에 대한 금계가 제정되었다고 한다. 한편 《사분율》에 의하면 음주를 하게 되면 열 가지 폐해가 생긴다고 한다. 그 열 가지란 얼굴색이 나빠지고, 힘이 빠지고, 눈이 어두워지고, 화를 잘 내고, 업을 파괴하게 되고, 병이 생기고, 다투는 일이 늘어나고, 평판이 나빠지고, 지혜가 없어지고, 죽으면

삼악도(三惡道)에 떨어진다는 내용이다.

음주는 이러한 폐해 말고도 중요한 문제를 동반한다. 음주운전의 경우가 그것이다. 두세 잔 마시고 알딸딸하게 취한 상태에서 겁도 없이 운전대를 잡는 경우가 있다. "겨우 두세 잔 마셨는데 뭘" "10분만 가면 집인데 뭘"이라는 안이한 생각으로 말이다. 차라리 만취한 상태라면 운전할 엄두를 못 낼 텐데 운전대 앞에서 방심할 만큼의 술이 오히려 더 무서운 법이다.

피터 싱어(Peter Singer) 같은 윤리학자는 무엇을 금지해서 발생하는 종교적 문제보다 자동차 운전이 야기하는 도덕적 문제가 훨씬 더 심각하다고 말한다. 특히 술 마시고 운전대를 잡는 것은 범죄행위나 마찬가지다. 음주운전으로 인한 피해는 본인은 물론 전혀 상관없는 타인이나 가족들에게까지 돌릴 수 없는 불행을 초래하기 때문이다.

어디 그뿐인가. 술은 지속적으로 마시다 보면 중독을 일으킨다. 알코올 중독자가 되면 건강이 악화되는 것은 말할 것도 없고 정상적인 사회생활을 영위하기 힘들 만큼 폐인이 되기 쉽다. 술 때문에 돈을 마련하려고 범죄를 저지르기도 하고, 사회와 단절된 상태로 고립되어 혼자 지내면서 범죄성만 키우게 된다.

중독 얘기가 나오니 떠오르는 우스갯소리가 있다. 성형 중독에 걸린 한 여성이 있었다. 그녀는 절에 와서 아름답게 오래 살기를 기도했다. 그러던 얼마 후 그녀가 교통사고로 죽게 되었다. 옥황상제 앞에 간 여성은 화가 나서 왜 이렇게 일찍 자기를 데려왔느냐고 따졌다. 그랬더니 옥황상제 왈, "야! 난 넌지 몰랐다".

현대사회는 이렇듯 술 말고도 중독을 일으키는 매체가 다양하다. 예를 들면 휴대폰, 게임, 인터넷, TV, 쇼핑, 일, 섹스, 포르노그래피(야동), 마약(약물), 담배, 도박 등이 그렇다. 게다가 주위에서 보다시피 광신도들처럼 종교 중독도 있고 성형 중독도 있다. 무엇이든 일단 중독이 되면 스스로의 행동에 대해 통제가 안 되기 때문에 인간관계가 파괴되는 것은 시간문제이다. 중독은 이제 더 이상 개인의 문제가 아니다. 사회적 국가적 파장이 위험수준에 이르렀다.

연말연시는 한 해를 아름답게 마무리하고 희망찬 새해를 맞이하는 시기이다. 술독에 빠져 혼미하게 정신줄 놓을 때가 아니다. 우선은 '이 정도는 괜찮겠지' 하는 생각부터 버려라.

세상은
적당량을 덜어
남김없이 먹는 음식문화가
대세다

불교를 모르는 어떤 이가 내게 물었다. "스님들은 명절에 어디 가세요? 고향 가세요?" "예? 뭐라고요?"

생뚱맞은 이 질문에 얼마나 웃었는지 모른다. "스님들은 절에서 찾아오는 분들 맞이해야죠" 했더니 "어떤 사람들이 고향 안 가고 명절날 절에 찾아가요?" 한다. "고향 오는 길에 절에 들르는 분도 계시고 명절날 바로 절에 오시는 분도 있죠. 집에서 제사를 모실 수 없는 상황에 놓인 분들이 절에 와서 제사를 지내거든요." "아, 그렇구나. 그럼 스님은 고향에 못 가시겠네요?" "하하. 그렇죠. 스님들은 명절이라고 해서 특별히 고향에 가지 않습니다."

그렇다. 스님들은 명절이라고 해서 특별히 고향을 방문하거나 부모님을 찾아뵙지 않는다. 물론 부모님께 안부전화 정도는 드리기도 하지만 관례상 세속의 명절을 그리 대수롭게 여기지는 않는다. 출가자에게는 출가한 사찰이 곧 고향집이요, 은사스님이 부모님이나 다름없다. 오히려 명절 때는 절일이 많아 평소보다 더 힘든 면이 있다.

지난 명절에는 은사스님이 계신 절에 며칠 다녀왔다. 사찰이 도심에 있다 보니 여러 가지 풍경을 접할 수 있었는데 그 중에서도 집집마다 나온 음식물쓰레기 처리 과정을 보게 되었다. 절 앞쪽 거리에서 악취를 풍기며 흉물스럽게 쌓여 있는 음식물쓰레기 더미가 눈살을 찌푸리게 했다.

적당하게 담아 깨끗하게 세워 두면 될 텐데, 비싼 쓰레기봉투 가격 때문인지 작은 쓰레기봉투에 넘치도록 담아 쓰레기 모으는 곳에 획 던져진다. 거기다 거리로 흘러나온 오물오수가 풍기는 악취라니. 이렇게 눈살을 찌푸리게 만드는 쓰레기 처리에 좀 더 신경을 썼으면 하는 바람이다.

오래전 유학을 간 일본은 참 깨끗했다. 특히 교토에 처음 갔을 때 쓰레기 처리 방식을 보고는 깜짝 놀랐다. 내가 살던 곳에는 일주일에 두 번 일반쓰레기 수거 차가 오는데 그곳 사람들은 쓰레기를 수거해 가기 쉽도록 한 줄로 세워 놓았다. 어디 그뿐인가? 평소에는 그곳이 쓰레기 버리는 곳인지도 모를 만큼 깨끗하고 악취도 없었다. 이웃끼리 사이좋게 치우고 정리한다. 그런 모습은 우리에게도 필요하지 않을까. 우리나라의 쓰레기종량제는 세계적으로도 성공적인 평가를 받고 있다. 하지만 돌아보건대 더 많은 개선의 노력이 필요하다.

음식물쓰레기 얘기가 나왔으니 말인데 율장에도 그와 관련된 이야기가 나온다. 《마하승기율》 제31권에는 승원 안에 있는 주방에서 쌀뜨물과 그릇을 씻고 난 더러운 물을 골목으로 흘려보내 세상 사람들로부터 비난을 받았다는 기록이 있다. 부처님께서는 "이는 마땅히 세상 사람들의 혐오를 받을 만하다. 오늘부터는 승원 안에서 쌀뜨물과 더러운 물이 밖으로 흘러나감을 허락하지 않겠다"고 말씀하시며 단호히 경계했다.

이 기록에 의문을 가지는 분들도 있겠다. 우리가 알기로는 부처님 당시에는 승가대중이 탁발을 하거나 공양청을 받아 식사를 해결했다고 알고 있으니까 말이다. 물론 원칙적으로는 그것이 맞다.

그러나 기근이 들었을 때처럼 특별한 상황이 발생했을 때에는 정사 안에 식료품을 저장하고 취사를 허용하였다. 이렇게 난처한 상황에 대비하여 승가의 예외조항을 규정하는 것이 정법(淨法) 제도이다. 정법은 곧 율의 원칙은 그대로 두고 약간의 편법만을 이용하여 스님들이 죄의식 없이 합법적으로 행동할 수 있도록 한 제도이다. 따라서 이러한 기록이 율에 나올 수 있는 것이다.

한국에서는 사찰에서 음식을 해 먹는 것이 당연하다. 그리고 부처님의 가르침대로 오물과 오수가 흘러나가지 않도록 많이 노력하고 있다. 산사에서는 대개가 무공해 세제를 사용하며 환경오염에 신경을 쓴다. 특히 비구니스님들이 머무는 대중처소의 부엌은 그야말로 하수구에 떨어진 밥알도 주워 먹을 수 있을 정도로 정갈하다. 이는 스님들이 청소를 깨끗하게 잘 해서이기도 하지만 그보다는 여간해선 음식물쓰레기를 잘 남기지 않기 때문이라고 봐야 옳겠다.

통계에 의하면 지금 인도에서는 팔리기도 전에 썩어 버리는 식품의 비율이 40%나 되고 미국에서는 매년 1천억 달러의 음식이 버려진다고 한다. 또한 미국 음식물쓰레기의 1%만 줄여도 1년에 700만 끼의 식사를 만들 수 있다고 한다. 우리나라에서는 중국의 10배나 되는 음식물쓰레기를 버린다고 하니 인구 수를 비교해 보면 이게 가당키나 한 소리인지 그저 놀랍기만 하다. 전국 식당에서만 한 해 60만 톤의 음식을 버리는 영국에서는 '먹을 만한 음식은 버리지 맙시다(Too Good To Waste)' 캠페인이 벌어지기도 했다. 세상은 적당량을 덜어 남김없이 먹는 사찰음식문화가 대세다. 하물며 불자들이야 말해서 뭘하겠는가.

완벽한
채식주의자가 되기란
쉽지 않다

칼을 대자 선홍색 피가 쫘 터져 나온다. 펄떡이던 몸통이 금세 힘이 빠지고 자신감 넘치는 칼잡이의 몫이 되어 버리면, 더 이상 생명 있는 존재가 아닌 누군가의 입을 즐겁게 할 맛깔스러운 음식으로 바뀌게 된다. 요리 프로그램에 자주 등장하는 모습이다.

이러한 방송의 실상을 비판하며 지난해 사단법인 보리에서 〈생명생태주의 시각에서 본 방송모니터링 보고서〉를 발간했다. 방송에서 소개된 음식의 80%가 육식이라는 점과 조리 과정에서 살생하는 장면을 여과 없이 보여주었다는 점 등을 지적하며 인간의 양심을 찌르는 행태를 날카롭게 비판하였다.

지난해에는 또 사료값 급등으로 인해 죽어 가는 소가 속출하고 있다는 보도가 있었고, 한우값 폭락에 항의하는 한우 농가들이 소 1천여 마리를 데리고 상경하다가 경찰에 막힌 일도 있었다. 우리의 축산 농가에 관해 이야기를 하자면 긴 한숨부터 나온다. 2010년에는 구제역으로 소 15만 마리와 돼지 330만 마리를 생매장했고, 조류독감으로는 647만 마리의 오리와 닭을 생매장했다. 그것도 국가가 앞장서서 말이다.

얼마나 어처구니없는지 그야말로 뭐라 표현할 방법이 없다. 이렇게 국가가 앞장서서 가축에 대해 잔혹한 피의 정책들을 감행하는데도 어느 종교 어느 단체 하나 제대로 말리지 못한다. 특히나 그런 일에는 별다른 대응을 보이지 않는 종교가 있으니 참으로 딱할 노릇이다.

세계동물보건기구의 규정에는 전염병 방역을 위해 동물을 죽이는 경우 가스나 전기요법, 약물 투여를 통해 고통을 최소화하도록 하고 있다. 이는 우리나라도 마찬가지다. 그런데도 생매장이라는 잔혹한 '묻지마 식 살처분'을 감행하면서 눈 하나 까딱하지 않는다.

구제역 발생 농가 반경 3km 안의 관련 가축들을 모조리 죽이는 예방적 살처분도 문제거니와 거기에 더해 산 채로 묻어 버리는 야만적인 도살이야말로 차마 눈뜨고 볼 수 없다. 그런데 여러분은 알고 계시는가? 이 모든 일의 배후에는 다름 아닌 과도한 육식문화가 있다는 사실을. 그저 양질의 고기를 생산하기 위한 대책이었다는 것을 말이다.

《마하승기율》제19권에는 활솜씨를 자랑하며 새를 잡아 부처님께 올린 비구 우타이에 대한 일화가 나온다. 부처님은 우타이를 나무라며 "그대는 내가 한없는 방편으로 살생해선 안 된다고 가르치고, 살생하지 않는 이들을 칭찬하는 것을 듣지 않았더냐? 어찌하여 이렇게 악한 법을 짓는 것이냐? 이는 법도 아니요 율도 아니어서 나의 가르침이 아니다. 그렇게 해서는 선법(善法)을 키우지 못하느니라" 하시며 '고의'로 축생의 목숨을 빼앗는 것을 율로 금하였다.

율장은 이어 고의로 살생하는 것에 대해 설명하는데, 그 내용은 몸으로 짓눌러서 살생하는 것과 몸의 일부분을 사용하여 살생하는 것, 도구를 이용하여 살생하는 것이다. 또 축생을 죽이기 위해 칼과 약을 써도 안 되며, 토하거나 설사를 나게 해서도 안 된다. 뱃속의 생명체는 말할 것도 없다. 죽이기 위해 주문을 외워서도 안 되며 가루나 올가미, 그물, 구덩이, 험한 길, 건너지 못할 강 등을 이용해 축생의 목숨을 끊는 것 모두가 죄가 된다고 설한다.

그럼 인류는 왜 이토록 동물을 죽여 왔는가? 가장 큰 원인은 육식, 그것도 '더 맛있는 고기'를 위해 자연의 섭리를 거스르는 사육형태가 문제가 되는 것이다. 광우병만 보아도 잘 알 수 있지 않는가. 특히 사람만 모였다 하면 등장한다는 치킨에 이용되는 닭은 미국의 경우 300㎠의 밀폐된 닭장에서 사육된다고 한다. A4용지한 장이 500㎠인 것을 감안한다면 닭이 어떻게 살고 있는지 상상할 수 있을 것이다.

그러니 생명 문제를 다루면서 육식문화를 거론할 수밖에. 행동주의 철학자 제레미 리프킨(Jeremy Rifkin)은 《육식의 종말》에서 "인간의 식단에서 육류를 제외한다는 것은 인간의식의 역사에서 인류학적 전환을 의미한다. 우리는 육식문화를 넘어서야만 인류를 위한 새로운 과제를 정할 수 있다. 또한 생태계 보호, 인간의 영양 공급, 지구를 공유하는 다른 생명체들의 안녕에 관심을 가질 수 있다. 모쪼록 우리 사회가 어떤 식으로든 육식을 지양했으면 하는 바람을 갖고 이 책을 저술했다"고 밝혔다.

완벽한 채식주의자가 되기란 쉽지 않다. 그러나 불교도라면 적어도 생명 문제에 더 많은 관심을 가져야 하지 않을까.

예전에 간디가 막 출발하는 기차에 오르다가

신발 한 짝을 떨어뜨린 일이 있었다.

그런데 기차가 속도를 내면서 신발을 주울 수가 없었다.

그러자 간디는 얼른 나머지 한 짝을 벗어 기차 밖으로 던졌다.

옆 사람이 이유를 물었다.

간디는 "누군가 신발을 줍는다면

두 짝이 다 있어야 신을 수 있을 것 아닌가?"라고 했다.

이런 것이 바로 지혜가 아닌가 싶다.

우리는
자신에게 필요 없는 것들을 쌓아 두고도
베풀지 못하는 경우가 더 많다.

불살생계와
자살

중요한 것은
자살하지 않아도 되는
사회를 만드는 것

'글루미 선데이(Gloomy Sunday)'라는 영화가 있다. 일명 '자살의 찬가'라고도 불리는 이 영화 주제곡은 1933년 헝가리에서 처음 발표된 이래 세계적으로 수많은 사람들의 자살을 불러일으켰던 곡으로도 유명하다. 실제 작곡을 한 레조 세레스(Rizso Seress) 본인도 한 겨울에 고층 아파트에서 투신해 자살을 했으며, 1936년 프랑스에서는 '글루미 선데이'를 연주하던 오케스트라 단원들이 연주가 끝난 후 대거 자살하는 사건이 발생하여 세상을 놀라게 하기도 했다.

헝가리에서는 음반이 발매된 후로부터 8주 만에 이 노래를 듣다가 자살한 이가 187명이나 된다고 하여 정부가 나서서 '글루미 선데이'의 방송을 금지시켰을 정도다. 이러한 헝가리의 자살 충격이 남의 나라 이야기가 아닌 지 오래다. 우리는 이미 세계에서 가장 높은 수치의 자살통계를 가지고 있다. 특히나 아름다운 봄 4월에 가장 많은 이들이 스스로 목숨을 끊는다고 한다. 여성 자살률은 세계 1위를 차지하고 있다.

그렇다고 해서 비난할 일은 아니다. 속사정을 들여다보면 그들이 자살을 하고자 하는 데는 안타깝게도 다 그럴 만한 이유가 있다. 참을 수 없이 고통스러운 병에 걸렸거나 경제적 어려움을 극복하지 못해서 생긴 우울증, 또는 인간관계나 사회적 갈등으로 인한 정신적·육체적 고통이 죽음을 선택할 수밖에 없는 지경에 이르도록 했던 것이다. 그러니 자살을 죄악시할 수만은 없다. 오죽했으면 하는 마음이 미약한 윤리의식을 덮어 버리기 때문이다.

율장의 기록에 의하면 자살은 불교의 수행법 중 하나인 '부정관(不淨觀)'과 깊은 연관을 가지고 있다. '부정관'이란 욕망을 다스리기 위해 육신의 더러움을 관찰하는 것으로 부처님의 가르침에 따라 초기 승가 스님들이 주로 이 수행에 몰두했다. 《십송률》 제2권에 의하면 스님들은 부지런히 부정관을 닦아 육신을 싫어하고 부끄러워하는 마음을 품게 되었다고 한다. 즉 사람들은 스스로 꾸미

기를 좋아해 몸을 깨끗이 하고 좋은 의복을 입고 몸에 향을 바르지만, 죽고 나면 살이 문드러지고 퍼렇게 변해 점차 피고름이 흘러 벌레가 생기고 악취가 나게 된다. 이러한 모습을 직접 눈으로 보면서 육신의 무상함을 관하는 것이 '부정관'이다.

율장에서는 스님들이 이러한 '부정관' 수행을 통해 육신에 대한 무상함을 절실히 느껴 스스로 죽기를 바라거나 죽음을 찬탄하다가 결국 칼을 구해 자살하기도 하고, 스스로 목을 매기도 하고, 독약을 먹기도 하고, 높은 곳에 올라가 몸을 던지거나, 심지어는 서로 목숨을 해치는 지경에까지 이르게 되었다고 한다.

이 사실을 알게 된 부처님께서는 새로운 대안으로서 제자들에게 '수식관(數息觀)'을 통해 안락하게 법에 머무는 법을 지도하셨다. '수식관'이란 산란한 마음을 집중시키기 위해 들숨과 날숨을 헤아리는 수행법으로 숨이 들어올 때는 마음을 모아 숨이 들어온다는 것을 알아차리고 숨이 나갈 때는 마음을 모아 숨이 나간다는 것을 알아차리는 것이다.

승가의 자살 사건 이후로 스님들의 주요 수행법은 이처럼 수식관 중심이 되었다. 한편 자살 사건을 두고 부처님은 제자들을 몹시 꾸짖으셨다. "어찌하여 명색이 비구라는 자들이 칼을 구해 자살을 하고 죽음을 찬탄하며 권한단 말이냐?" 그러고는 "비구이거나 사람이거나, 혹여 사람을 닮은 존재가 고의로 남의 목숨을 빼앗는다든지 칼을 주어 죽음을 권하거나 '이렇게 괴롭게 사느니 차라리 죽는 게 낫다'고 하며 죽기를 바라고 갖가지 인연으로 죽음을 권하고 찬탄하여 죽는다면 그들은 더 이상 승가와 함께 살 수 없는 바라이를 범한 것이다"라고 말씀하셨다. 그리하여 '불살생계(不殺生戒)'가 율장의 세 번째 금계로서 제정되었던 것이다.

이렇듯 옛날엔 자살이 죄인가 아닌가 하는 문제가 커다란 관심사였다. 하지만 지금은 아니다. 설령 자살하는 행위가 도덕적으로 비난받을 만한 통념을 가지고 있을지라도, 자살 당시의 상황이나 환경에 의해 당사자가 커다란 감정적 혼란에 빠져 있었다면 용서받을 수 있다는 주장도 가능하다.

우리 현실에서 쌍용자동차 노조원들과 그의 가족이 스스로 목숨을 끊은 것만 보아도 잘 알 수 있지 않은가. 영국의 철학자 데이비드 흄(David Hume)은 "당신이 악이라고 부를 만한 사실이나 실재를 발견할 수 있는지 먼저 살펴보라"고 했다. 중요한 것은 무조건 자살하면 안 된다는 논리가 아니라 자살하지 않아도 되는 사회를 만드는 것이다.

나무 심기

미래의 봄은
더 이상
당연한 봄이 아니다

십 년을 경영하여 초려삼간 지어내니
나 한 간 달 한 간에 청풍 한 간 맡겨 두고,
강산은 들일 데 없으니 둘러 두고 보리라.

《청구영언(靑丘永言)》에 전하는 송순(宋純, 1493~1583)의 시조이다.

자연과의 교감에서 얻어지는 풍요로움을 노래한 이 시조처럼,
출가한 스님들은 부처님 법을 만난 것 외에도 나뭇결이 살아 있는
고풍스러운 곳에서 솔바람 소리를 들을 수 있음을 행복으로 여길
때가 있다. 그리하여 얼어붙었던 대지에 또다시 생명의 기운이 움

트는 봄이 오면 주위를 둘러보며 조금이나마 거칠어진 심성을 보듬곤 하는 것이다.

인간과의 관계에서 자연환경의 보존 가치는 아무리 강조해도 지나침이 없다. 특히 경제가 발전할수록 환경보호의 필요성은 더욱 강조되어 왔으며, 환경 윤리가 인류의 미래를 좌우할 만큼 중요한 문제로 각인된 지도 오래다. 그러나 우리는 1년에 나무 한 그루 심기에도 인색하다. 자연에 대해서만 아낌없이 베풀어 달라는 식의 이기적인 태도에서 벗어나지 못하고 있는 것이다.

식목일에 즈음하여 '나무 한 그루 심어야지'라고 생각하다가 혹시나 싶어 율장을 찾아보았다. 뜻밖에도 《마하승기율》 제33권에서 '나무 심기'와 그 소유권에 관한 이야기를 발견하게 되었다.

한 비구스님이 승가 안에 과일나무를 심었는데 그 나무가 자라서 큰 나무가 되자 스님은 혼자 그 열매를 수확하고 다른 스님에게는 따지 못하게 했다. 그것을 본 다른 스님들이 "어째서 스님 혼자만 소유하고 다른 사람은 따서 갖지 못하게 합니까?"라며 나무랐다.

이 말에 나무를 심은 스님은 "내가 이 나무를 심었으니 보호해서 잘 자라게 하기 위함입니다"라고 반박한다. 여러 비구스님들이 부처님께 이 사실을 말씀드리자 부처님께서는 다음과 같은 결론을 내려주셨다. "그 비구는 나무를 심어 크게 한 공이 있으니, 1년에 한 나무를 그에게 주는 것을 허락한다."

'해(年)의 법'이라 불리는 이 가르침은 만일 비구가 승단의 땅에 과일나무를 심었으면, 심은 사람이 그 나무에서 나는 열매를 1년 동안 소유할 수 있다는 규정이다. 만일 나무가 너무 커서 1년 동안 그 나무의 열매를 전부 소유할 수 없다면 해마다 한 가지를 정해 그 가지에서 나는 열매만 소유하는 것을 허락하며, 그렇게 해마다 한 가지씩 정해서 다 돌았으면 더 이상 그 나무는 심은 이의 소유가 될 수 없다는 것이다.

율장은 이어 채소를 예로 들며, 무를 심었으면 한 차례씩 베어 가지게 하고, 오이와 호박을 심었으면 열매가 잘 익었을 때 한 번만 따 가도록 허용했다. 이처럼 심고 가꾸는 것이 이루어졌다는 기록을 통해 '출가자는 일체의 생산 활동을 하지 않는다'는 승가의 기본방침과는 다른 측면이 허용되고 있었음을 발견할 수 있다.

한편 《십송률》제10권과 《근본설일체유부비나야》제27권에는 꽃이나 나무를 베는 것을 계(戒)로써 금지하는 내용이 담겨 있다.

처음엔 부처님도 "명색이 비구라는 자가 어찌하여 손수 절 안과 산 책하는 길의 풀과 꽃을 꺾는가?"라고 꾸짖는 것으로 그치고 계로 제정하지는 않았다. 하지만 이후 유사한 사건이 발생하면서 "비구는 꽃과 나무를 베거나 뽑아서는 안 된다"고 금계(禁戒)한다. 그뿐만 아니라 율장에서는 미세한 이끼조차도 손상시킬 마음을 일으키면 죄가 된다고 강조한다. 대승계에서 강조하는 자비심에 근거한 확대된 생명 윤리의 형태를 여기서도 확인할 수 있다.

생태주의 삶의 지침서로 재조명받고 있는 헨리 데이비드 소로우 (Henry David Thoreau)의 《월든(Walden)》이라는 책이 있다. 세상의 소음으로부터 멀리 떨어진 곳에서 직접 밭을 갈며 사색과 독서, 산책으로 채워진 하루하루를 보내는 자신의 체험담을 담고 있는 이 책은 인간에게 보다 간소한 삶을 살 것을 제안하며 절제할 것을 요구한다. 특히 소로우는 '자연에 대한 착취와 파괴가 인간의 거짓 욕망을 부추기는 상업주의에서 기인한다면, 소박한 삶의 강조는 자기 절제를 통해 환경 윤리의식을 확장하는 일로서 자연에 대한 겸허함을 실천하는 행위'라고 말한다.

지금도 누군가는 우리의 아름다운 강산을 보호하기 위해 안간힘을 쓰고 있다. 그러나 다른 한쪽에서는 경제 논리를 내세워 그들을 묵살한다. 지구가 아프고 중생이 아프다는데도 못 들은 척 자

연 훼손에 동의하는 이들이 있다. 그러나 우리는 안다. 미래의 봄
은 더 이상 때가 되면 당연하게 주어지는 그런 봄이 아니라는 것을,
반드시 합당한 노력이 있어야만 이처럼 아름다운 봄을 미래에도 맞
이할 수 있다는 사실을 말이다.

누구도
두 켤레의 신을
한꺼번에 신을 수는
없다

멀리서 찾아온 친구들이 있어 성탄 트리가 예쁘게 불을 밝힌 조
계사에 들렀다. 때마침 저녁예불이 한창이다. 그들을 법당에 참배
하게 하고 나는 가방 지킴이가 되었다. 스님이 예불시간에 돌아다
니는 꼴이 부끄러워 가방을 들고 조심스레 일주문 기둥에 붙어 서
있었다.

둘러보다 보니 입구 쪽 길가에 고개를 숙이고 구걸하는 허름한
옷차림의 아저씨가 눈에 띄었다. 전에 못 보던 아저씨라 지갑을 만
지작거리며, 하다못해 천 원이라도 줘야 하지 않을까 망설이다 뭉

그적뭉그적 돈을 꺼냈다. 그러고는 아저씨에게 다가가려는데, 순간 다른 거지아저씨 한 명이 구걸하고 있던 아저씨에게 다가가더니 어깨를 툭툭 치면서, "많이 벌었어? 그만하고 술이나 한 잔 하러 가지"라고 말한다. 그 말에 그때까지 구부정하게 허리를 굽히고 있던 아저씨가 허리를 쭉 펴고 웃으며 고개를 번쩍 드는 게 아닌가. 순간 속이 확 뒤틀리면서 묘한 배신감 같은 게 불끈 올라왔다. 그가 내 돈을 떼먹은 것도 아닌데 말이다.

추운 시절이라 이웃을 돕는 손길이 무엇보다 절실하다. 구세군 자선냄비가 끓어 넘치도록 많은 분들이 도왔으면 싶고, 아름다운 동행에 보시를 많이 해서 독거노인과 소년소녀가장들의 겨울나기가 조금이나마 수월해지길 바라고 또 바란다. 그럼에도 불구하고 이들을 목격한 날 나는, '구걸하는 사람을 돕는 것이 과연 우리들의 의무일까?'라는 생각을 하게 되었다. '자꾸만 동정을 베풀면 도리어 상대방을 망친다는 말이 정말 맞는 게 아닐까?' 하며 고개를 갸우뚱거렸다.

알다시피 스님들도 보시(布施)에 의해 생활한다. 구걸하는 삶의 모습이 이론적으로는 거지나 다를 바 없다. 스님을 걸사(乞士)라고 부르는 이유가 여기에 있다. 스님인 내가 글을 쓰고 원고료를 받는다고 해서 그것이 노동에 대한 대가나 부의 축적이 될 것이라고 생

각하지는 않는다. 스님에게 들어온 수입은 모두가 보시라는 이름
으로 수용된다. 즉 누가 나를 위해 용돈을 주어도 보시, 본인이 직
접 일을 해서 벌어도 그것은 전부 보시로 받는 것이다. 출가자에게
는 돈을 버는 일에 사로잡히거나 그것을 이용하지 않는다는 원칙
이 세워져 있기 때문이다.

이러한 보시는 초기와 대승을 막론하고 불교에서 늘 강조되어
왔다. 초기불교에서는 생천(生天)이라고 하는 선업의 결과를 내세
워 보시를 권했고 대승불교에서는 보살이 해야 할 행위로서 지계와
더불어 보시 바라밀을 거듭 강조한다. 특히 재가불자들에게 보시
를 권하며 하는 말이 있다. "남에게 인정을 베풀면, 그 사람을 도와
줄 뿐만 아니라 그 선업(善業)이 돌고 돌아 결국은 자기 자신에게도
좋은 과보로 오게 마련이다."

남의 어려움을 보고도 쉽사리 외면해 버리곤 하는 우리네 태도
를 반성하게 하고 선행을 함으로써 그들에게 좋은 결과가 올 것이
라는 희망을 주며 보시행을 유도하는 것이다. 어쨌거나 보살이 행
해야 할 지계 바라밀과 보시 바라밀은 별개의 영역이 아니라 같은
방향성을 드러낸다. 남을 돕는 중생계(삼취정계 중 하나)의 영역이 곧
보시 바라밀과 직결되기 때문이다.

여기에 덧붙이고 싶은 게 있다. 바로 지혜와 방편이다. 무조건적인 보시와 베풂이 상대방의 발전을 저해하고 벗어나기 어려운 나락(那落)으로 떨어뜨린다면 그것은 현명한 보시행이라고 할 수 없다. 그러므로 보시에는 지혜와 방편이 늘 함께하여야 한다. 그렇다고 당장 연탄 한 장이 아쉬운 독거노인에게 지혜와 방편을 따지라는 것은 아니다. 그럴 때는 그냥 망설일 것 없이 연탄이면 된다.

그럼 보시함에 있어 의무감을 가질 필요가 있을까? 내 생각엔 적당한 의무감은 필요하다고 본다. 그러나 그보다는 상황과 여건에 맞게 보시를 하는 것이 더 나을 터이다. 예를 들면 이렇다. 예전에 간디가 막 출발하는 기차에 오르다가 신발 한 짝을 떨어뜨린 일이 있었다. 그런데 기차가 속도를 내면서 신발을 주울 수가 없었다. 그러자 간디는 얼른 나머지 한 짝을 벗어 기차 밖으로 던졌다. 옆 사람이 이유를 물었다. 간디는 "누군가 신발을 줍는다면 두 짝이 다 있어야 신을 수 있을 것 아닌가?"라고 했다. 이런 것이 바로 지혜가 아닌가 싶다. 우리는 자신에게 필요 없는 것들을 쌓아 두고도 베풀지 못하는 경우가 더 많다.

부자건 가난한 이건 제아무리 잘 먹어도 하루 세 끼면 충분하고, 누구도 두 켤레의 신발을 한꺼번에 신을 수는 없다. 내가 풍족하면 남을 돕는 것이 당연하고, 풍족하지 않더라도 도울 상황이면

도와야 한다. 나쁜 마음과 인색함은 쇠에서 생긴 녹이 쇠를 먹어 가듯 내 삶을 멍들게 할 뿐이다. 다만 어떻게 보시해야 상대방을 일으켜 세울 수 있는지는 각자 생각하길 바란다.

버림과
얻음

좋은 일도
고된 일도
다 같이 오는 법

어릴 적, '출가하여 어엿한 비구니가 되면 꼭 한번 찾아뵈어야지'라고 생각했던 분들이 있다. 한 분은 출가를 결심한 소녀에게 그 길은 매우 험하니 다음 생에 남자로 다시 태어나거든 그때 출가하라고 권했던 비구스님, 다른 한 분은 너는 출가자로서 살아갈 그릇이 못 되니 그냥 세속에 살라던 비구니스님. 두 분 다 출가자의 삶에 대해 '세상과 동떨어진 고단한 삶' 또는 '출가자들만의 특별한 세계'라는 식으로 표현하며 자신들만의 승가 영역을 명확히 했다.

그러나 과연 그럴까? 방향은 다르지만 두 분 다 어린 소녀의 의지를 불태우기에 충분했다. 그리하여 '먼 훗날 출가하여 당당한 모습으로 저분들 앞에 서리라' 나는 다짐했다.

지난해 기억에 남는 일 가운데 하나는 바로 이 두 분 중 한 분을 다시 뵈었다는 사실이다. 오래전 출가에 대한 반대를 무릅쓰고 절집에 들어갔으니 벌써 20년도 넘은 얘기지만 그분들을 찾아뵙겠다는 생각이 은연중에 남아 있던 터라 반갑고도 기뻤다. '그렇게 반대하던 제가 이렇게 중노릇하며 살아가고 있습니다'라는 걸 오래전부터 보여주고 싶었기 때문이다.

그런데 이제 와 만나게 된 그분은 더 이상 비구스님이 아니었다. 어느새 거사님이 되어 있었다. 게다가 나를 기억조차 하지 못하는 눈치였다. 그래도 좋았다. 내 기억 속에 남아 있던 자상하고 따뜻한 스님의 모습이 여전히 거사님의 모습 속에 있었으니까.

스님이라는 말이 입에 배어 거사님이라는 말이 쉽게 나오지 않았지만, 출가자인 나보다 훨씬 더 깊은 신심으로 살아가는 것 같아 오히려 감동적이었다. 환속하게 된 정확한 경위를 듣지 못했지만 불교계에 몸담고 있으면서 겪었을 많은 상처, 그리고 그를 위로해 준 따뜻한 인연이 있었으리라 감히 짐작해 본다. 환속으로 인해 출가자의 삶을 잃은 것이 아니라 아름다운 인연과 따뜻한 가족을 얻은 것처럼 느껴져 그래도 다행이라는 생각이 들었다. 출가를 함으로써 얻은 것과 버린 것, 또는 잃은 것이 있듯이 환속하여 세속으로 돌아가는 것 또한 마찬가지가 아닐까 싶다. 모든 일에는 좋은 일도 안타까운 일도 다 함께 오기 마련이니까 말이다.

경전에는 간혹 부부가 함께 출가한 경우가 있지만 사랑하는 아내와 가족을 버리고 출가를 감행하는 경우가 더 많다. 대표적인 예로 우리 부처님이 그러하다. 또 이런 경우도 있다. 아내를 버리고 출가한 마하라(摩訶羅) 비구에 관한 이야기다.《마하승기율》제30권에 나온다.

어느 날 갑자기 출가해 버린 남편을 포기하지 못하고 마하라의 아내는 남편이 있는 곳에 가서 길쌈을 했다. 이를 지켜보기에 심기가 몹시 불편했던 마하라 비구는 여인에게 제발 돌아가 달라고 말한다. 하지만 여인은 듣지 않았다. 아니, 들을 수가 없었다. 아직 남편이었던 스님에 대한 마음을 거둘 수가 없었으므로.

하는 수 없이 마하라는 다른 곳으로 떠났다. 이를 안타깝게 여긴 한 사람이 이 소식을 여인에게 전해 주었다. 여인은 떠나는 마하라의 뒤를 헐레벌떡 쫓아가 옷자락을 붙잡고 애원했다. "아사리(스승)여, 저를 위해서 가지 마세요. 제가 곁에서 옷과 발우를 챙기고, 아플 때에는 필요한 약도 제공해 드리겠습니다." 그러나 마하라는 출가한 자로서 그럴 수는 없다며 한사코 거절했다. 이쯤 되면 아름다웠던 사랑도, 기억하고 싶은 애틋함도 서로에게 상처가 된다. 그리고 미움이 싹트기 시작한다.

그래서였을까? 끝내 놓아 주지 않는 여인을 떼어 내기 위해 마하라 비구는 폭력을 휘두르고 만다. 더 이상 여인이 따라오지 못하도록 실컷 때리고 떠난 것이다. 이후 율장에는 이를 계기로 마하라 비구에게 나쁜 일이 생기는 경위를 설명하고 있으며 여인을 때린 것에 대해서는 투란차죄(과실치사)를 적용시키고 있다.

똑같은 '十'를 보고도 교회 다니는 사람들은 십자가라 하고, 수학선생님은 더하기 부호라 하고, 간호사는 적십자, 교통경찰관은 사거리, 약사는 녹십자 표시라고 한다. 모두가 자신의 위치에서 보고 말한다는 얘기다.

출가자의 입장에서는 환속이 수행의 길을 잃은 듯 보이지만 환속해서 함께할 사람을 생각하면 아름다운 인연을 얻는 것이 된다. 환속을 미화하려는 것은 아니지만 적어도 환속하는 편이 나은 출가자가 있다면 오히려 승가를 떠나는 것이 더 정직하고 용기 있는 행동이 아닐까 생각된다.

출가자의 입장에서는

환속이 수행의 길을 잃은 듯 보이지만

환속해서 함께할 사람을 생각하면

아름다운 인연을 얻는 것이 된다.

적어도 환속하는 편이 나은 출가자가 있다면

오히려 승가를 떠나는 것이
더 정직하고 용기 있는
　　　　행동이 아닐까.

길은
이미 일러 주었으니
스스로 나아가라

눈이 안 좋은 나는 두 차례나 수술을 받았는데, 마취가 잘 되지 않는다며 수술 도중 부분마취와 전신마취를 두 번이나 추가해 쉬이 깨어나지 못했던 기억이 있다. 수술실에 들어가면서 얼마나 간절하게 관세음보살님을 불렀는지 모른다. 무사히 마치기만 한다면 앞으로 불교를 위해 살겠노라며 이차돈이라도 되는 양 맹세를 하였다. 그때는 생각 못했지만 돌이켜보니 '무사히 마친다면'이라는 조건부 서원이었지 뭔가. 그런 상황에서도 관세음보살님과 거래를 하다니 생각하면 웃음이 난다.

어머니가 돌아가실 때에도 그랬다. 돌아가시지 말라고 기도하지 않았다. 더 이상 고통스럽지 않게 어서 편히 가시기만을 기도하며 간절하게 아미타부처님의 명호를 불렀다. (중생맞춤형인 불교는 필요에 따라 나타나는 부처님도 다르다.) 게다가 이 모든 상황이 무사히 종료되면 정말 중노릇 잘하고 불교를 위해 살겠노라 서원까지 했다. 여기서도 내 중노릇과 삶의 방향에는 부끄럽게도 '마지막 남은 어머니만 편히 가신다면'이라는 조건이 달려 있었다.

이렇듯 살아가다 보면 정말 간절하게 불보살님의 명호를 부를 수밖에 없는 상황이 발생하곤 하는데, 그때마다 나는 불보살님과 거래를 하고 약속을 했다. 그러니 지금은 그 약속들을 조금씩 이행 중인 셈이다.

타 종교인들은 부처님 앞에 절을 하고 천도재를 지내거나 제사 지내는 행위를 보며 우상숭배라고 비방을 한다. 게다가 요즘엔 불교계 안에서도 재를 지내고 기도하는 것에 대한 비판이 늘고 있다. 돈을 받고 기도해 주고 재를 지내는 것이 사찰 재정에 도움이 되기는 하지만, 스님들이 인도의 바라문처럼 제사장으로 전락될까 하는 우려의 목소리가 있는 것이 사실이다. 물론 당연하고 일리 있는 말이다. 스님들이 재 지내는 것으로 먹고사는 듯 비칠 수도 있기 때문이다.

하지만 출가자인 나도 급하면 불보살님을 찾는다. 먼저 간 가족들을 위해 천도재를 지내고, 일이 안 풀린다 싶으면 기도도 하고 진언도 한다. 하다못해 지나가다 벌레 한 마리 죽어 있는 것만 봐도 '나무아미타불' 하고 습관처럼 되뇐다. 하물며 노곤한 삶에 지친 사람들이야 어떻겠는가. 그들에게는 반드시 의지처가 필요하다. 모르긴 해도 일반인들은 그렇기 때문에 절에 오는 경우가 태반일 것이다.

하지만 불교는 신이나 초월자에게 구원을 바라는 종교가 아니다. 사랑하는 이를 잃는 슬픔이나 상처, 삶에서 좌절이나 두려움 때문에 의지처가 필요할 때가 있다 해도 온전히 불보살님에게만 기대지는 않는다. 부처님은 절대자를 믿고 도와달라고 기도하라고 가르치지 않았다. 부처님은 "길은 이미 일러 주었으니 그것에 의지해 스스로 나아가라"고 했다. 그래서 불교를 스스로 수행하는 종교라고 하는 것이다. 무엇보다도 자기 개선을 위한 스스로의 노력이 강조되며, 그에 따라 계율의 실천 또한 권유되었다.

결국 불교는 신앙심을 강조하는 종교가 아니라 신뢰를 쌓아 가는 종교라는 말이다. 부처님과 부처님의 가르침, 그리고 그 제자들이라고 하는 삼보(三寶)에 대한 신뢰가 불교를 지탱해 주는 힘이 된다. 그런데 부처님과 부처님의 가르침에 대해서는 그 누구도 믿어 의심치 않지만 승가에 대해서만큼은 시대에 따라 신뢰도가 높을 때도 있고 낮을 때도 있다. 그리고 그 신뢰에 따른 파워가 이제는 사회의 공적 영역에까지 영향을 미치고 있다. 불교라고 하는 종교의 역할이 내면의 안정과 성숙만을 이끄는 것이 아니라 어느덧 사회를 움직이는 물밑 파워를 형성하기에 이른 것이다.

한국불교는 샤머니즘과 결합된 형태의 민족 종교로 자리 잡은 지 오래다. 그동안 우리는 자신의 행복과 불행, 내 가족의 행복과 불행에만 몰두하고 매달렸다. 일명 중생이라고 하는 우리들이 그렇게 원하고 빌었다. 나와 내 가족의 안위와 행복을 말이다. 그래서 불교는 기복적인 모습을 띨 수밖에 없었다. 기복 불교의 형태를 나쁘다고만 폄하할 수 없는 이유가 된다.

그러나 현대 사회와 불교는 그렇지 않다. 현대는 자신의 행복만큼이나 타인의 행복 또한 소중하다는 것을 천명해 버린 시대다. 타인의 행복이 곧 나의 행복이 된다는 것을 알고, 그렇게 실천하라고 하는 사회적·종교적 방향이 이미 정해져 있다. 그리고 그 중심에 종교의 역할이 명확히 제시되어 있다.

다시 버리다

누운 풀이
땅을 덮듯
죄를 덮는다

선거 끝에 생각해 본다. 인간은 아무리 발버둥쳐도 자신이 속한 사회나 그 사회의 틀과 질서로부터 벗어나기 힘들다. 그렇기에 정당한 법과 질서를 만들고자 하는 것이며 그것을 이행할 만한 사람을 선출하는 것이다. 그런데 믿고 맡겨도 될 만한 사람을 뽑는 과정이 그리 수월치가 않다. 대단한 영웅이나 위대한 인간을 뽑는 게 아닌데도 말이다. 그저 사회구성원이 하는 말, 그들의 생각을 반영하여 올곧게 이행한다고 하는 소명만 다하면 되는데, 대표성을 띠기 전에 가졌던 따뜻한 인간애를 고스란히 간직한 채 대표가 되는 사람은 찾아보기 힘든 것 같다.

율장에 '여초부지(如草覆地)'라는 것이 있다. 이는 승가 내에서 발생하는 네 가지 유형의 다툼, 즉 언쟁(言諍), 멱쟁(覓諍), 범쟁(犯諍), 사쟁(事諍) 가운데 '범쟁'에 대한 해결 방법 중 하나다. 승가의 분쟁 해결방법인 7멸쟁법(七滅諍法)에는 현전비니(現前毘尼), 억념비니(憶念毘尼), 불치비니(不癡毘尼), 자언치(自言治), 다인멱죄(多人覓罪), 멱죄상(覓罪相), 여초부지(如草覆地)가 있으며 마지막 여초부지는 율장에서 포초비니(布草毘尼)로도 표현된다.

여초부지의 사건 해결방식은 이러하다. 가령 승가 내에서 사소한 일을 계기로 두 사람이 다투게 되었는데, 처음에는 단순사건이 었던 것이 두 사람의 문제로 그치지 않고 점점 불거져 네 편 내 편으로 나뉘게 되고, 그러다가 더욱 상황이 악화되어 승가는 분열의 소용돌이 속에 빠지게 된다. 그러면 스님들은 승가 화합을 우선시하기보다는 승가 내 파워 게임에 휩싸여 언쟁만 더욱 치열해지는 것이다.

이렇듯 아무리 해도 해결이 안 되고 서로 대립만 격해져서 도저히 수습하기 어려운 상황에 적용되는 해결책이 바로 여초부지다. 이는 승가의 장로들이 나서서 적극적으로 조정을 시도하고 그것을 양쪽의 대립된 비구들이 겸허히 받아들여 화해하도록 만드는 것이다. 즉 다툼으로 인한 양측의 견해에 대하여 어느 한쪽이 옳다고 판단하여 다른 한쪽에 죄를 묻는 것이 아니라, 양측 다 잘못이 있으니 서로 사과하고 화해하며 그간의 논쟁 과정에서 벌어진 죄상은 참회를 통해 덮겠다는 것이다. 그대로 뒀다가는 없던 죄도 발생하게 되고 분열만 초래하게 된다고 판단되므로 서로 참회하고 용서를 구하여 더 이상의 분열이 발생하지 않도록 막자는 의도이다.

《십송률》제20권에서는 참회할 때 이렇게 말하라고 가르친다. "우리들은 바르게 신심을 내었기에 부처님 법에 의지해 출가하여 도를 구합니다. 지금 다투기를 좋아하여 서로 언쟁하고 있으나 만약 우리들이 이 사건의 원인을 물어 자꾸만 추궁한다면 대중에는 아직 일어나지 않은 일도 곧 일어날 것이요, 이미 일어난 일도 또한 없앨 수가 없을 것입니다. 지금 우리들 스스로가 마땅히 뜻을 굽히나니, 우리가 저지른 죄에서 투란차죄(偸蘭遮罪, 미수죄)를 없애시고 속인에 상응하는 죄를 없애 주소서."

양쪽에 이렇게 말하고 용서받으면 여초부지의 법은 완성된다. '누운 풀이 땅을 덮듯 그렇게 죄를 덮는다'는 의미의 '여초부지'는 그간의 모든 허물을 참회하고 용서를 구함으로써 승가 화합이라는 이름으로 사건의 전말을 말끔하게 덮어 버리는 것이다. 이는 승가의 기능이 마비될 정도로 대립이 심한 경우에 주로 사용되는 해결방법이다.

누구나 어떤 일이든 그 일을 제대로 해내기 위해서는 반드시 지켜야 할 단계와 원칙이 있다. 특정 목적을 달성하기 위하여 자신이 지켜야 할 단계나 원칙을 무시하고 다 덮어 버린다면 좋은 위치에 가서도 주위의 협력을 이끌어 내기가 어렵다. "세상에서 당신이 결심한 것을 막을 수 있는 사람은 오직 당신 자신뿐이다"라는 미국의 제16대 대통령 에이브러햄 링컨(Abraham Lincoln)의 말처럼, 대의를 향해 가는 사람에게 있어 중요한 것은 결국 '자신의 결심'이다.

수행공동체로서의 승가는 '승가 화합'이라고 하는 뚜렷한 방향과 목적이 있었다. 그러므로 사태의 근원을 다 파악하고도 분열을 막기 위해서 '그 얘기는 이제 그만하자'며 서로 손을 내밀어 용서를 구하고 화해했던 것이다. 하지만 아무리 그렇다고 해도 이 땅의 모든 사회적 구조와 틀을 위해 '조직의 안정'이라는 명분으로 크고 작은 문제들을 덮어도 되는 것인지에 대해서는 좀 더 생각해 볼 일이다.

율이나
법의 문제는 아니다
사람이 문제다

시어머니들이 모여 누군가 먼저 '우리 며느리는 부뚜막에 앉아 이마 털 뽑는다' 하면 '우리 며느리는 호롱불에 속곳 말린다' 하고 '우리 며느리는 주걱으로 이 잡아 죽인다'고 한다는 말이 있다. 모두가 딸한테는 죽그릇 씻게 하고 며느리한테는 비빔밥 그릇 씻게 한다는 한국의 시어머니 심사를 꼬집는 말이다.

이는 며느리도 마찬가지다. 친구들끼리 만나면 시어머니 흉보기가 주요 화제로 등장한다. 요즘 선거를 앞뒤서인지 정치인들을 바라보는 내 심사가 꼭 며느리 바라보는 시어머니 같다. 뭘 해도 탐탁지 않으니 하는 소리다. 나랏일 하는 사람들을 보며 저들에게

이 나라를 맡겨도 되나 싶을 때가 있듯이, 종단도 그럴 때가 있다. 그러니 국회의원이든 종회의원이든, 하다못해 작은 절의 원주라도 소임자는 잘 뽑아야 한다.

율장에는 '쟁사법(爭事法)'이라고 하여 투표를 통해 다수결로 문제를 해결하는 방법이 나온다. 그것을 가리켜 율 언어로는 다인멱죄(多人覓罪)라 하고, 투표 자체는 행주(行籌)라고 한다. 주(籌)라는 것은 다수결 원칙에 따라 사람 수를 세는 데 사용하는 긴 막대기를 가리킨다. 승가에 쟁사가 생겼을 때, 어떤 장로(長老)에 의해서도 쟁사를 해결하지 못했을 경우, 승가는 행주인(行籌人, 투표 관리자)을 선발하여 다수결 원칙에 의해 쟁사를 해결했다.

간혹 지금의 종헌종법이 만장일치제가 아닌 것을 두고 비판하는 분들이 있는데, 옛 승가라고 무조건 만장일치제에 의해서만 운용되었던 것은 아니다. 물론 다인멱죄가 지금의 다수결 방식과 완벽하게 일치하는 것은 아니지만, 법다운 선택에 있어 다수결을 원칙에 두고 투표를 진행했던 것만은 확실하다.

《십송률》제35권에는 표결을 주재하는 네 가지 투표방법이 나온다. 첫째로 비밀투표인 장행주(藏行籌), 둘째 역순투표인 전도행주(顚倒行籌), 셋째 제한투표인 기행주(期行籌), 넷째 무제한투표인 일체행주(一切行籌)가 그것이다.

비밀투표란 사람이 어두운 곳에서 투표하거나 벽으로 가려진 곳에서 투표하는 것을 말한다. 그야말로 보이지 않는 곳에서 하는 지금의 비밀투표방식과 같다. 역순투표란 스님들끼리 투표하는 심지를 서로 교환하여 투표하는 것으로, 법답다고 주장하는 스님은 법답지 않다고 주장하는 스님에게 심지를 건네고, 법답지 않다고 주장하는 스님은 법답다고 주장하는 스님에게 심지를 건네어 표결을 확인하는 방식이다.

제한투표란 여러 스님들이 자기 화상(은사스님)이나 아사리(화상 외에 가르침을 주는 스승) 스님을 따라 표결을 정해 놓은 것을 말한다. 즉 특정 화상이나 아사리만을 따르거나 서로 안면이 있는 스님만을 지지하여 말을 미리 맞춰 놓고 그대로 따르며 출신지역이나 출신가문에 따라 '우리들이 이렇게 투표용 심지를 받았으니 그대들은 멀리 떨어져 있거나 따로 행동하지 말고 미리 맞춰 놓은 말에 어긋나지 않게 모두 행동을 통일하기로 하자'고 함께 약속하는 것을 말한다. 재밌게도 이 대목은 어디서 많이 본 듯한 느낌 아닌가.

마지막으로 무제한투표는 분쟁을 해결하기 위해 승가의 모든 스님들이 한 장소에 화합하여 모여야 하는 것으로 이때는 여욕(與

200

欲)을 허용하지 않는다. 여욕이란, 병 등의 이유로 참석할 수 없는 자가 회의에서 어떠한 결정이 나든 나중에 이의를 제기하지 않겠다는 뜻을 다른 비구를 통하여 승가에 알리는 것을 말한다. 여욕을 허용하지 않겠다는 것은 곧 승가구성원 전원의 직접투표를 독려하고자 하는 의도이다.

2600년 전에 쓰인 율장에 어떻게 이런 규정들이 들어 있는지 놀랍기만 하다. 70세 먹은 소크라테스의 재판이 아테네 아고라 법정에서 2400년 전에 있었던 걸 생각하면 부처님의 가르침이 훨씬 더 빠를 뿐더러 민주주의에 가깝다는 것을 알 수 있다. 고위 정치인들이 장식용으로 즐겨 사용하는 말 중에 독일의 법철학자 구스타프 라드브루흐(Gustav Radbruch)의 말이 있다. "민주주의의 가장 좋은 점은, 오직 민주주의만이 법치국가를 보장하는 데 적합하다는 것이다."

가까이 지내는 법률가가 언젠가 내게 했던 말이 생각난다. "불교나 정치나 잣대는 똑같습니다. 그저 법(法)대로 살면 됩니다." 모든 것이 율이나 법의 문제는 아니다. 사람이 문제다.

어디서부터
바뀌어야 할까

법륜 스님의 《새로운 100년》이란 책을 읽으며 가슴이 뛰었던 사람이 비단 나뿐만은 아닐 터, 관심조차 보이지 않던 주제에 이토록 가슴 벅차고 설렐 수 있다는 것이 그저 놀라울 따름이다. 주제만 들어도 지루하고 난해해서 가급적이면 회피하고 싶은 이야기가 어느덧 우리의 미래를 밝힐 수 있는 희망적 대안이 되어 혈기왕성한 출가자의 심장을 파고드는 것을 느끼며 어둡게만 느껴지는 한국불교의 미래도 그처럼 희망을 가질 수 있지 않을까 생각했다.

그래서 살펴보았다. 한국불교의 미래가 밝아지려면 어디서부터 바뀌어야 할까? 생각해 보니 결론은 어디 한 곳이 아니라 너나 할 것 없이 종단 구성원 전체의 의식에 미래지향적 변화가 필요한 게 아닐까 싶었다. 그리하여 발걸음이 씩씩해진 어느 날, 우연히 길에서 종회의장 스님을 뵈었다. 조계종 중앙종회는 국가로 치면 국회나 다름없는 기구이기 때문에 종회를 이끄는 소임자의 역할 또한 크고 중대할 수밖에 없다. 더구나 크고 작은 사건들이 늘 많은 곳이니 소임자로서 원만한 종회 운영을 위해 고뇌의 시간들이 함께하고 있으리라 감히 짐작해 봤다.

그럼 중앙종회는 어떤 기구인가. 종법도 계율의 영역이니 한번 살펴보자. 종단은 종헌종법을 제·개정한 이래 종단 구성원의 공의를 통해 주요 소임자를 선출하고 각종 대의기구를 제도로써 규정하여 운영해 왔다. 그 대의기구의 대표가 중앙종회이며, 이는 우리 종단의 입법기구이다. 즉 조계종법을 제정하고 개정하며 폐지할 수 있는 권한이 모두 이 중앙종회에 있다.

부처님 당시에는 현전승가(現前僧伽)라고 하는 승가공동체가 넓은 인도 땅에 산재해 있으면서 별도의 갈마공동체를 운영하였다. 다시 말해서 현전승가는 모든 승가를 통틀어서 하나의 승가로 보는 관념적 의미의 사방승가(四方僧伽)와 대비되는 개념으로, 현재 눈앞에 보이는 경계에 따라 정해진 승가영역을 말한다.

하지만 오늘날 우리가 몸담고 있는 조계종단은 4인 이상으로 구성된 작은 단위의 현전승가를 말하는 것이 아니다. 전국의 스님들을 동일한 종헌종법으로 규율하는 갈마공동체로서 현전승가를 단일하게 묶은 개념에 해당된다. 즉 종단 전체가 동일한 조계종법 하에 커다란 하나의 현전승가를 이룬 것이다. 다만 그 규모 때문에 전원 참석이 어려운 관계로 편의상 대의제도를 채택하고 있다.

대의제도는 율장에서도 그 원형을 찾아볼 수 있다. '여욕(與欲)'이 그것이다. 여욕은 출가자가 질병 등의 이유로 갈마에 참석할 수 없을 때 회의에서 어떤 결정이 나더라도 추후 이의를 제기하지 않겠다는 뜻을 다른 비구를 통하여 승가에 알리는 것을 말한다. 여욕을 함으로써 대의기구의 유효성이 인정되는 것이다.

부정적인 측면에서 보면 대의기구를 운영하는 과정에서 불거지는 여러 가지 부작용도 있다. 그러나 그것은 어디까지나 그것을 집행하는 사람의 문제이지 결코 법과 제도의 문제는 아니다. 정해진 법과 제도대로 정직하게만 실천한다면 그 어느 종교 어느 국회보다도 훌륭한 대의제도를 꽃피울 수 있는 것이 승가갈마체이기도 하다.

중앙종회는 선거법에 의거해 선출된 81명의 종회의원으로 구성되어 있다. 여기에 중앙종회를 대표하고, 의사를 정리하며, 질서를 유지하는 이가 있으니 그가 바로 종회의장이다. 의장은 중앙종회 정기회와 임시회를 소집하며, 종회에서 의결된 종법을 총무원장에게 이송하고 법이 잘 공포될 수 있도록 하며, 각종 청원을 접수한다. 이러한 종회의장은 중앙종회에서 재적인원 과반수의 찬성으로 선출되며, 임기는 2년이다.

따라서 2년마다 새로운 의장을 선출해야 한다. 그런데 선출 때마다 종도의 귀에는 누가 종회의장 후보로 나오는지, 그 후보는 종회를 어떻게 이끌어 갈 것인지, 검증된 후보인지 아닌지 별다른 이야기를 들을 수 없다. 의장을 선출해야 하는 시기에도 종도들은 어떤 분이 종회를 대표할 인물로서 부각되는지조차 모를 때가 많다. 그래서 한편 답답하기도 하다.

물론 국회의장을 뽑는 데 전 국민의 동의를 얻어서 뽑을 필요는 없듯이 종회의장도 마찬가지다. 전 종도의 동의를 얻어 뽑는 것은 아니다. 그러나 투표권을 가진 종회의원만 알고 하는 의장 선출보다는 종도들에게도 어떤 분이 후보로 나섰는지 알려주면 좋겠고, 나아가 그 후보가 그 자리에 적합한 인물인지 그분 삶의 언저리라도 엿볼 수 있게 해 주면 더욱 좋겠다.

이는 총무원장이나 본사 주지 선거도 마찬가지다. 불교의 미래를 생각한다면 자신이 속한 모임이나 문중의 이익을 떠나 누가 그 자리에 적합한지를 생각하고 선택해야 한다. 이것이야말로 종단의 쇄신과 안정을 위한 지름길이 아니겠는가. 약자가 부여한 강자의 권력은 공익을 위해 사용될 때에만 그 정당성을 획득할 수 있는 법이다.

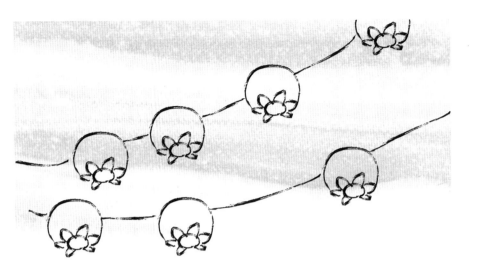

자신의 흐트러진 삶을 바꾸고 싶다면
무엇보다 나쁜 습성은 버리고
좋은 습관을 기르도록 애써야 한다.
그것을 불교에서는 계(戒)라고 한다.

꼭 이것만은 실천하리라
노력하는 행위를 통해
삶을 변화시키는 게
바람직하다.

불교와
정치인

정치 바람에도
흔들림 없는
불교

대선을 앞두고 정치인들의 발걸음이 활기차다. 종교와 국가의
관계가 소원해졌다 해도 선거철만 되면 화해 모드로 바뀌니 참 희
한한 일이다. 그만큼 종교가 국민 가까이 있다는 얘기일 게다. 우
리 불교계를 향한 정치인들의 행보 또한 분주해졌는데, 그럼 불교
는 이들과의 만남을 어떻게 가져 가야 할까? 불교의 전개 상황에서
부터 차근차근 짚어보자.

그 옛날 인도에서는 기원 전후를 즈음하여 서북부 쪽을 통해 많
은 이민족이 침입해 왔다. 이 과정에서 그리스의 헬레니즘 문화와
이란의 페르시아 문화가 불안정한 사회 상황을 틈타 인도에 흘러

들어오게 되었고, 인도에서 꽃피우던 불교 또한 자연스럽게 서아시아와 유럽을 향해 서쪽으로 뻗어갔다. 그뿐만 아니라 인도는 동아시아를 대표하는 중국을 지나 한국에까지 그 풍부한 문명의 흐름을 불교와 함께 전파했다. 특히 중국에서는 유교나 도교 사상 등과 융합하면서 중국인의 특성과 사유방식에 잘 맞는 고유의 불교를 만들어 냈다.

서쪽과 동쪽으로 전파된 인도문명은 불교를 세계적인 종교로 꽃피우는 데 일조했다. 그러나 서쪽으로 간 불교는 동쪽으로 간 불교에 비해 쉽게 정착하지 못했다. 서쪽 대륙 사람들은 신을 깊이 믿고 따랐으며, 신의 존재가 인간의 삶 깊숙이 자리 잡고 있었기 때문이다. 그들은 아무리 인간이 강해져도 자신이 자신의 운명을 책임질 수는 없다고 생각했다.

이는 자신에게 의지하라는 불교의 가르침과는 전혀 다른 맥락이다. 모든 종교가 삶의 고통과 두려움에 뿌리를 두고 만들어졌다고는 하나 유독 불교만은 그것을 신의 도움으로 해결하는 종교가 아니었기에 신을 믿는 이들과는 전혀 다른 사유방식을 가지게 되었다. 신에게 의지하는 종교와 달리 불교는 삶의 고통을 인정하고 두려움에 직면함으로써 자신의 문제를 해결하라고 가르치기 때문이다.

한편 동쪽으로 간 불교는 달랐다. 동아시아의 불교는 황실과 귀족들의 환대를 받았으며, 새로운 왕조가 들어설 때마다 정치사상의 기초를 불교에 두고 그 토대를 마련하고자 하는 이들이 있었다. 동아시아 불교의 흐름을 주도하게 되는 중국불교를 보면, 지도자들의 정치관은 물론이요 사회 전체의 질서와 윤리를 불교적 관점에서 주도하여 자신들의 업적을 이루고자 하기도 했다.

그런 상황에서 권력을 가진 이들이 불교승단을 위해 도와주겠다고 청한다면 승단의 입장에서는 거절할 이유가 없었다. 오히려 든든한 후원자가 생긴 것을 기회로 포교 활동을 더 활발하게 진행하면 되는 것이었다. 그래서 중국불교는 국가권력의 영향하에 들어갔으며, 때때로 그 영향력에 자주적으로 대응해 가면서 급속도로 퍼져나갈 수 있었다.

불교 수행자는 생산활동이 금지되어 있기 때문에 본래부터 불교는 국가나 사회와의 관계를 매우 중시하는 종교였다. 출가자로서 살아가는 데 필요한 모든 것을 일반 사회로부터 공급받지 않으면 안 된다는 의존적인 구조 속에 놓여 있었다. 이는 불교 승단의 생존방식을 결정짓는 요소가 되며 이로 인해 사회와의 관계를 중시할 수밖에 없는 상황이 된다.

중국이라고 해서 출가자의 생존방식이 크게 달라진 것은 아니다. 그러나 불교와 정치권력의 만남이 어떤 결과를 초래하게 될지는 말하지 않아도 짐작할 만하다. 불교와 정치권력의 규합은 사원 경제를 풍요롭게 하는 데에는 공헌했을지 모르나 예측 가능한 대로 많은 부작용을 동반했다.

황실이나 귀족과의 친밀한 관계가 승단을 타락으로 이끌고 투명해야 할 종교적 삶은 폭력을 자아내며 혼란스러웠다. 그리고 그 결과는 참혹했다. 불교에 대한 비난이 쇄도하게 되었고 폐불 정책을 단행하는 도화선이 되기도 했다. 예나 지금이나 종교와 정치권력은 결코 지나치게 가까워서는 안 된다는 교훈을 남긴다.

여산 혜원(廬山 慧遠, 334~416) 스님은 《사문불경왕자론(沙門不敬王者論)》을 지어 "사문은 국왕에게 예배하지 않는다"는 주장을 펴기도 했다. 우리도 정치인들이 찾아오면 자비심으로 따뜻하게 대하기는 하되 불교계 편의를 위한 당부보다는 누구에게나 공정한 자세로 오로지 온 국민을 위한 정치인이 되어야 함을 피력해야 할 것이다. 그것이야말로 정치인에 대한 승가의 도리이다.

화상

존경받는
어른이 많아야
불교가 번영한다

스승의 중요성을 일깨워 주는 일화 중에 '다산 정약용과 황상'의 이야기가 있다. 유배 시절, 다산 선생에게 황상이라는 소년이 찾아왔다. 선생은 "열심히 공부해서 훌륭한 사람 되어야지" 했다. 그랬더니 아이는 부끄러워하며 "선생님, 저는 둔하고 앞뒤도 꽉 막혀서 답답한데 저 같은 사람도 공부를 잘할 수 있을까요?" 했다.

주눅이 든 소년에게 다산은 이렇게 말했다. "그럼, 할 수 있지. 사람들에게는 세 가지 병통이 있는데 네게는 그게 없구나. 첫째, 사람들은 자신이 총명하다고 생각하는 데 문제가 있단다. 한 번만 보아도 척척 외우는 이들은 뜻을 깊이 음미할 줄 모르거든. 둘째로

글짓기에 능한 이들은 똑똑할 수는 있지만 저도 모르게 들떠서 가볍기 마련이지. 셋째로 말귀를 금세 알아차리는 이들은 깊이가 없을 수 있단다. 그런데 너처럼 둔한 이가 꾸준히 노력한다면 얼마나 대단하겠니? 둔해서 구멍을 뚫기는 힘들어도 일단 뚫고 나면 웬만해서는 막히지 않는 큰 구멍일 게야. 미욱한 것을 닦고 닦으면 그 빛이 눈부시게 될 게다."

스승의 말씀을 들은 소년은 그로부터 긴 세월이 지나도록 그 말씀을 마음에 새기고 노력하는 삶을 살아왔다고 했다. 자상하게 이끌어 주는 스승의 말씀이 삶을 바꾸어 준 것이다. 고교 시절, 은사스님은 내게 "네가 나를 못 믿는다 해도 나는 너를 끝까지 믿는다"라고 말씀하셨다. 전후 사정이야 어떻든 간에 은사스님의 이 말씀은 지금까지 스승과 제자를 연결하는 확고한 신뢰의 끈이 되었다. 믿음이란 그토록 단단하고 강인한 것이다.

인생의 암흑기에 스승이 없다면 삶은 걷잡을 수 없는 방향으로 흘러가고 말 것이다. 그렇기에 스승의 존재는 어둠 속에서 만나는 불빛과도 같다. 더욱이 출가자에게 있어 스승은 제2의 부모님과도 같은 존재여서 은사스님과의 관계가 자칫 어그러지게 되면 일생 동안 불편한 감정으로 살아가야 한다. 그만큼 출가자에게 있어 스승과의 관계는 중요하다.

이렇게 중요한 출가자의 스승을 가리켜 승가에서는 '화상(和尙)'이라고 부른다. 부처님은 출가하고자 하는 이에게 화상을 선택하여 평생 스승으로 모시고 세속의 아버지와 아들처럼 서로를 보살피고 돌보게 하셨다.

《사분율》 제33권에 자세하다. "비구들이여, 화상이 되는 것을 허락한다. 비구들이여, 화상이 제자를 대할 때에는 자식을 생각하듯 해야 하며, 제자는 화상 섬기기를 아버지를 생각하는 마음으로 해야 한다. 만약 이와 같이 그들이 서로 존경하고 화합하여 지낸다면 이 법과 율은 더욱 증장하고 번영할 것이다."

화상은 갓 출가한 제자에게 출가생활에 필요한 덕목들을 가르친다. 출가자로서 갖추어야 할 위의 하나하나를 자세히 지도하고 그에게 필요한 물품은 없는지 잘 살펴서 마련해 주어야 할 의무가 있다. 또 부처님은 화상에게 제자가 병들면 그 신변을 보살피고 식사까지 돌보게 하셨다. 물론 제자에게도 화상에 대한 도리를 다하게 하셨다. 제자는 화상인 은사스님을 섬김에 있어 의식주 전반에 걸쳐 마음을 써야 하며 스승의 일상생활을 거들며 불편함이 없도록 해야 한다.

승가는 화상이 될 수 있는 자격요건을 엄격히 하여 다음과 같은 조건을 갖춘 스님만이 화상이 될 수 있도록 했다. 첫째 계정혜 삼학을 갖추고 잘 아는 스님, 둘째 법을 많이 듣고 율에 밝은 스님, 셋째 제자의 질문에 적절히 답변하여 의문을 풀어줄 수 있는 스님, 넷째 제자의 잘못을 바로잡을 수 있는 스님, 다섯째 제자가 병이 나면 간병할 수 있는 스님, 여섯째 제자가 파계하면 여법하게 그 죄를 소멸시킬 수 있는 스님, 일곱째 법랍이 10년 이상인 스님.

조계종에서는 출가자의 스승이 되려면 이와 같은 자격에 더해 승가고시 3급에 해당하는 법계(중덕, 정덕)가 되어야 한다. 즉 구족계를 받은 후 10년 이상은 되어야 제자를 둘 수 있다는 얘기다. 스님은 인천(人天)의 스승이라고 불린다. 그러나 출가자 한 사람의 스승 되기가 그보다 더 어려운 것 같다.

어른 노릇 하기 힘든 세상인 것만은 분명하다. 그러나 나이가 들고 법랍이 높아질수록 스님 한 사람이 세상에 끼치는 영향력이 상당하다. 불교가 번영하려면 존경받는 어른이 많아야 한다. 불교계가 어수선하다. 윗물이 맑아야 아랫물도 맑다.

현명한 사람은
쓴소리의 가치를
알기 마련이다

投我以木瓜 報之以瓊琚 匪報也 永以爲好也

나에게 모과를 던져 주기에 나는 아름다운 패옥으로 갚았지.
보답이 아니라 뜻 깊은 만남을 위해서라오.

投我以木桃 報之以瓊瑤 匪報也 永以爲好也

나에게 복숭아를 던져 주기에 나는 아름다운 패옥으로 갚았지.
보답이 아니라 변함없는 우정을 위해서라오.

投我以木李 報之以瓊玖 匪報也 永以爲好也

나에게 배를 던져 주기에 나는 아름다운 패옥으로 갚았지.
보답이 아니라 영원한 사랑을 위해서라오.

중국 사상과 문화의 모태가 된다는 《시경(詩經)》에 '모과(木瓜)'라는 시가 나온다. 당시에는 좋아하는 사람에게 과일을 던지는 풍습이 있었다 하니, 읊조리는 느낌 그대로 가히 연애시라 할 만하다. 그런데 상대에게 던지는 것이 마음을 담은 과일이 아니고 말(언어)이라면 어떨까? 그것도 바른말 쓴소리라면.

승가에는 공식적으로 쓴소리를 청하는 날이 형식적으로나마 존속한다. 안거가 끝나는 마지막 날, 안거를 함께 보낸 스님들이 모두 한자리에 모여 지난 3개월 동안 혹여 자신도 모르는 사이 어긴 규칙은 없는지, 또 잘못을 알고 있기는 하지만 차마 말하지 못한 스님을 위해 서로의 잘못을 지적하며 함께 반성하는 모임이다. 자아비판 같은 그것을 우리는 자자(自恣)라고 한다.

자자에 관한 규정은 묵언의 금지에서 비롯되었다고 한다. 요즘에는 묵언 수행이 오히려 중요한 수행방법 중 하나로 인식되지만, 부처님 가르침에 의하면 묵언은 금기사항이다. 부처님은 말을 적게 하라고 했지 하지 말라고 하신 게 아니다. 《십송률》 제23권 '자자법'에 관한 자세한 얘기가 나온다.

어느 해 안거 때가 되자 스님들은 "우리는 서로 대화하지도 말고 인사하지도 맙시다" 하고 약속하였다. 서로 도와가며 싸우지 않고 살기 위해 서로에게 말도 걸지 말고 이야기도 나누지 않기로 했던 것이다. 안거가 끝나자 스님들이 부처님을 찾아뵈었다.

멀리서 제자가 찾아오면 부처님은 언제나 자상하게 반기신다. "하안거 동안 견딜 만하고 만족하였느냐? 편안하게 머물렀느냐? 탁발은 힘들지 않았느냐? 먼 길에 피곤하지는 않으냐?" 스님들은 안거 기간 동안에 묵언을 통해 싸우지도 않고 협력하며 살았다는 사실을 소상하게 말씀드렸다. 이 말을 들은 부처님은 제자들을 모아놓고 꾸짖으셨다.

"너희들은 참으로 어리석구나. 마치 원수처럼 살았으면서 어찌하여 안락하게 머물렀다고 스스로 말하느냐? 여래의 대중은 법으로써 서로를 교화하는 것인데, 비구라고 말하는 자들이 어찌하여 벙어리가 되는 법을 받아 지닌 것이냐? 앞으로는 묵언하는 법을 받아 지녀서는 안 된다. 서로 대화하지 않는 규칙은 외도의 법이기 때문이다. 지금부터 하안거를 마치고 나면 모든 비구가 한 장소에 모여 반드시 세 가지 일을 다른 비구에게 청하여 자자를 행해야만 한다. 그 세 가지란, 죄 짓는 것을 목격했거나(본 것), 이야기를 들었거나(들은 것), 유죄로 추정되는 것(의심스러운 것)이다."

이처럼 스님들은 말로 인해 승가에 불화가 일어날 것을 염려하여 묵언 수행을 하였지만, 그것은 진정한 화합이 아니었다. 그 후 스님들은 자자를 통해 보고 듣고 의심한 것에 대해 서로 이야기하는 기회를 만들고 서로의 잘못을 지적하며 반성하는 계기로 삼았다.

서슬 퍼런 정권 초기에는 쓴소리를 입에 담기도 어렵지만 시간이 흘러가고 정권이 교체될 즈음엔 상황이 달라진다. 그래서인지 세상에는 바른말 쓴소리가 대세다. 하지만 누구나 쓴소리를 듣고 지적을 받으면 기분 상하기 일쑤다. 쓴소리는, 하기는 쉽지만 듣기는 어렵다. 그래도 현명한 사람은 바른말 쓴소리의 가치를 알기 마련이다.

선한 습관
길들이기

한 해를 마무리하고 다시 한 해를 맞이하면서 우리는 각자 어떻게 살아가면 좋을까를 생각한다. 그러면서도 마음 한편으론 몹시 불안해한다. 미래는 어떻게 될지, 이 상태로 좋은 것인지, 뭔가 다시 시작해야 하는 것은 아닌지, 취업은 될지 안 될지, 인연은 만날 수 있을지 없을지 등 한 치 앞도 모르는 불확실한 미래에 대해 턱을 괴고 이마에 주름이 잡히도록 고민을 한다.

그러다 문득 발길을 돌리는 곳이 있다. 어디겠는가? 이미 눈치 챘을 바로 그곳, 사주와 토정비결 운세를 봐 주는 철학관이다. 불안한 심리가 사람들을 그곳으로 이끈다. 내 주위에도 새해 운세가 안 좋게 나왔다고 걱정하는 이가 있고, 잘 된다고 했다며 좋아하는 이가 있다. 실제로 벌어지지 않은 일에 대해 누군가의 말만 듣고 미리 절망하거나 좋아하는 게 이상할 정도다. 그러나 점괘를 믿는 감성이 한국인의 내면 깊은 곳에 있으니 대부분은 그러려니 하며 넘기곤 한다.

사찰에서도 스님들이 종종 업(業)과 윤회(輪廻)를 인과응보(因果應報)와 더불어 '운명론'으로 설할 때가 있다. 물론 그런 말씀 중에는 새겨들어야 할 내용이 있다. 지금 자신이 한 행위가 미래의 행복과 불행의 씨앗이 될 테니 바르게 살라는 얘기이기 때문이다. 그러나 현대를 살아가는 사람들에게 그렇게 말하기엔 우리네 삶이 그리 단순하지가 않다. 삶이 고통스러운 이들에게 "이 모든 일이 당신 업 때문이오"라든지 "전생에 잘못 살아서 그렇게밖에 살 수 없는 거요"라고 한다면 얼마나 무자비한 말이 되고 마는가. 운명은 결코 정해져 있는 게 아닌데 말이다.

그럼 어떻게 받아들여야 하는가? 자신의 흐트러진 삶을 바꾸고 싶다면 무엇보다 나쁜 습성은 버리고 좋은 습관을 기르도록 애써야 한다. 그것을 불교에서는 계(戒)라고 한다. 이는 율(律)과는 다른 개념이다. '좋은 습관 길들이기, 선한 행위 행하기'를 말하며, 결과보다는 자발적 의도나 동기를 중시한다. 새해를 맞으면서 꼭 이 것만은 실천하리라 결심하고 좋은 습관을 위해 노력하는 행위가 곧 게이다. 그러니 불자라면 불교적 가르침에 따라 삶을 변화시키도록 하는 게 바람직하다. 잠깐의 재미를 위해서라면 모를까 점괘에 자신의 인생을 맡기는 것은 무모하기 그지없다.

누구나 외우고 있을 불교도의 실천 항목에 오계(五戒)가 있다. '살·도·음·망·주'를 멀리하라는 내용이다. 즉, 생명을 사랑하여 해치지 말고[殺], 공정하지 않은 방법으로는 그 누구의 것도 함부로 취하지 말며[盜], 부적절한 관계에 얽혀 주위 사람들에게 상처를 주어선 안 되고[淫], 허황된 말로 남을 속여서는 안 되며[妄], 맑은 정신을 유지할 수 없도록 만드는 술과 마약 등의 중독에 빠져서는 안 된다[酒]는 것이다.

이것을 좀 더 확대해서 생활 속에 도입해 보면, 살생을 멀리함은 채식하는 일상을 이루게 하고[殺], 도둑질을 멀리함은 공정하지 못한 태도를 버리고 성실하게 일하여 당당한 몫을 받게 하며[盜], 사음을 멀리함은 유흥업소를 들락거리면서 삿된 관계에 얽히는 일이 없도록 하고[淫], 거짓말을 멀리함은 약속을 잘 지켜 신뢰받는 사람이 되게 하며[妄], 음주를 멀리함은 자신을 해롭게 하는 중독에 빠지지 않게 하는 것[酒]에 적용할 수 있다.

이 외에도 계의 실천 영역에는 극히 사적인 것들이 포함될 수 있다. 새해엔 담배를 끊는다든지, 아침에 일찍 일어난다든지, 하루에 한 번은 꼭 내 방을 청소한다든지, 지각하지 않는다든지 하는 등 이 소소한 결심과 실천 계획들이 모두 '계'에 속한다. 지키기로 한 것이 한 가지일 수도 있고 여러 가지일 수도 있다. 어느 것 하나만 이라도 제대로 지킨다면 분명 자기 삶에 큰 변화가 있을 것이다.

하지만 아무리 쉬운 '계'라도 지속적으로 지켜 내기란 쉽지 않 다. 굳게 다짐해도 시간이 흘러가면 의지는 약해지게 마련이다. 아 랍 격언에 '무엇인가 하고 싶어하는 사람은 방법을 찾아내고, 아무 것도 하고 싶지 않은 사람은 구실을 찾아낸다'는 말이 있다. 마음 이 느슨해지면 변명과 구실을 찾는다는 얘기다. 결심이 느슨해졌 을 때 마음에 새겨두면 딱 좋을 말이다.

초판 1쇄 발행 · 2013년 5월 15일

지은이 · 원영 스님

펴낸이 · 오세룡
주간 · 이상근
편집 · 박성화 허은희
디자인 · 최지혜 고혜정 정경숙
홍보 마케팅 · 문성빈
펴낸곳 · 담앤북스 | 출판등록 · 제300-2011-115호
주소 · 서울시 종로구 익선동 34 비즈웰오피스텔 917호
전화 · 02)765-1251 | 전송 · 02)764-1251 | 전자우편 · damnbooks@hanmail.net

ISBN 978-89-98946-03-6 03220

정가 13,800원